新时代智库出版的领跑者

智库中社

国家智库报告 2022（2）
National Think Tank

经 济

内蒙古能源"双控"与"双碳"目标协同效应研究

朱守先 张月峰 高国 杜国义 等著

RESEARCH ON THE SYNERGISTIC EFFECT OF "DUAL CONTROL" AND "DUAL CARBON" TARGETS IN INNER MONGOLIA

中国社会科学出版社

图书在版编目（CIP）数据

内蒙古能源"双控"与"双碳"目标协同效应研究／朱守先等著 . —北京：中国社会科学出版社，2022.2

（国家智库报告）

ISBN 978 - 7 - 5203 - 9733 - 9

Ⅰ.①内…　Ⅱ.①朱…　Ⅲ.①低碳经济—区域经济发展—研究—内蒙古②二氧化碳—排气—研究—内蒙古　Ⅳ.①F426.2②X511

中国版本图书馆 CIP 数据核字（2022）第 027186 号

出 版 人	赵剑英
项目统筹	王 茵　喻 苗
责任编辑	张冰洁　周 佳
责任校对	周 昊
责任印制	李寡寡

出　　版	中国社会科学出版社
社　　址	北京鼓楼西大街甲 158 号
邮　　编	100720
网　　址	http://www.csspw.cn
发 行 部	010 - 84083685
门 市 部	010 - 84029450
经　　销	新华书店及其他书店

印刷装订	北京君升印刷有限公司
版　　次	2022 年 2 月第 1 版
印　　次	2022 年 2 月第 1 次印刷

开　　本	787 × 1092　1/16
印　　张	7.75
插　　页	2
字　　数	102 千字
定　　价	49.00 元

项目组负责人：

朱守先　中国社会科学院生态文明研究所人居环境研究中心

张月峰　内蒙古自治区绿色发展中心

高　国　内蒙古自治区绿色发展中心

杜国义　内蒙古自治区能源局综合保障中心

项目组成员：

朱守先　张月峰　高　国　杜国义　冷　冰　胡　雷

李姝佳　田　鑫　王雪婷　汪　祥　王丽颖　徐凯伦

王莉莉　云　鹏　王　玮　王国平　池洋漾

执笔人：

朱守先　中国社会科学院生态文明研究所人居环境研究中心

张月峰　内蒙古自治区绿色发展中心

高　国　内蒙古自治区绿色发展中心

杜国义　内蒙古自治区能源局综合保障中心

胡　雷　中国国际工程咨询有限公司

李姝佳　内蒙古自治区绿色发展中心

田　鑫　内蒙古自治区绿色发展中心

王雪婷　内蒙古自治区绿色发展中心

汪　祥　内蒙古自治区铁路民航事业发展中心

王丽颖　内蒙古自治区区域发展促进中心

徐凯伦　内蒙古自治区区域发展促进中心

王莉莉　内蒙古自治区生态环境低碳发展中心

云　鹏　内蒙古自治区生态环境宣传教育中心

王国平　内蒙古自治区绿色发展中心

王　玮　内蒙古自治区科学技术厅

池洋漾　集宁师范学院经济管理学院

摘要：内蒙古是我国最为重要的综合能源基地之一，其能源资源贡献度在全国具有举足轻重的战略地位。在国家大力倡导生态文明建设和"双碳"目标的背景下，在内蒙古开展能源消费总量控制目标及二氧化碳排放峰值研究，研究建立能源消费总量控制目标分解落实机制，分解落实能源和碳排放总量控制目标，加大考核和监督力度，实行目标责任制管理，建立能源消费总量和碳排放峰值预测预警机制，成为内蒙古新时代的一项迫切的战略任务。

本书以内蒙古为研究区域，分析其能源"双控"与"双碳"目标的协同效应。具体研究内容包括能源消费和碳排放核算方法分析，能源消费和碳排放重点领域发展趋势评估，能源消费和碳排放控制的目标定位及重点领域识别，以及能源消费和碳排放控制重点企业及盟市分解方案。

关键词："双控"；碳中和；碳达峰；碳汇

Abstract: Inner Mongolia is one of the most important integrated energy bases in China, and its energy resource contribution plays a pivotal strategic position in the country. In the context of vigorous promotion of ecological civilization construction and carbon peak and carbon neutrality goals in China, Inner Mongolia has carried out research on the total energy consumption control target and the peak carbon dioxide emission, studied the establishment of a decomposition and implementation mechanism for the total energy consumption control target, and the decomposition and implementation of energy and carbon emissions.

The main research contents include the following four points: accounting method analysis of energy consumption and carbon emission, development trend assessment of energy consumption and carbon emission key field, target positioning and key field identification of energy consumption and carbon emission control, and decomposition plan of energy consumption and carbon emission control in key enterprises and regions.

Keywords: "dual control", carbon peak, carbon neutrality, carbon sink

前　　言

　　能源"双控"（能源消费强度和消费总量双控）与"双碳"（碳达峰、碳中和）目标是国家"十四五"及中长期的重大发展战略。2021 年 4 月 30 日，习近平总书记在中共中央政治局第二十九次集体学习时指出，"十四五"时期，我国生态文明建设进入了以降碳为重点战略方向、推动减污降碳协同增效、促进经济社会发展全面绿色转型、实现生态环境质量改善由量变到质变的关键时期。能源"双控"与"双碳"目标的协同效应对于各个地区特别是国家综合能源基地未来的发展具有重要意义。

　　2021 年中国政府发布《中国应对气候变化的政策与行动》白皮书、《中国落实国家自主贡献成效和新目标新举措》和《中国本世纪中叶长期温室气体低排放发展战略》，向国际社会介绍中国在应对气候变化领域各方面的进展及中国对当前全球气候治理的立场和主张。低排放发展战略则是我国首次聚焦 21 世纪中叶的碳中和愿景，系统阐述了面向《巴黎协定》长期目标的国家实施路径及政策方向。2021 年 10 月中国更新的应对气候变化国家自主贡献目标：二氧化碳排放力争于 2030 年前达到峰值，努力争取 2060 年前实现碳中和。到 2030 年，中国单位国内生产总值二氧化碳排放将比 2005 年下降 65% 以上，非化石能源占一次能源消费比重将达到 25% 左右，森林蓄积量将比 2005 年增加 60 亿立方米，风电、太阳能发电总装机容量将达到 12 亿千瓦以上。

内蒙古自治区（以下简称"内蒙古"）地处我国北部边疆，位于北纬37°24′至53°23′、东经97°12′至126°04′之间，从东到西直线距离约 2400 千米，南北跨距约 1700 千米。内蒙古东与黑龙江、吉林、辽宁接壤，西与甘肃、宁夏毗邻，南与河北、山西、陕西相连，北与蒙古国和俄罗斯交界，国境线长 4221 千米。面积 118.3 万平方千米，约占中国国土面积的 12.3%。内蒙古现设呼和浩特、包头、乌海、赤峰、通辽、鄂尔多斯、呼伦贝尔、乌兰察布、巴彦淖尔 9 个市，锡林郭勒盟、兴安盟、阿拉善盟 3 个盟，另外有满洲里、二连浩特 2 个计划单列市。依据 12 个盟市的地理位置，通常将内蒙古划分为东部地区和西部地区。东部地区包括呼伦贝尔市、通辽市、赤峰市、兴安盟、锡林郭勒盟，西部地区包括呼和浩特市、包头市、乌兰察布市、鄂尔多斯市、巴彦淖尔市、乌海市、阿拉善盟。

根据国家能源发展"十二五"规划，以及《国务院关于进一步促进内蒙古经济社会又好又快发展的若干意见》（国发〔2011〕21 号），内蒙古为国家重要的能源基地，国家五大综合能源基地，其中"鄂尔多斯盆地""内蒙古东部地区"两大基地涉及内蒙古地区。国家能源发展"十三五"规划进一步提出能源系统优化重点工程，其中首要的是综合能源基地建设工程，即统筹规划、集约开发，优化建设山西、鄂尔多斯盆地、内蒙古东部地区、西南地区和新疆五大国家综合能源基地。

内蒙古为我国能源资源最为丰富的地区之一。截至 2019 年底，全区煤炭勘查累计估算资源总量 9554.54 亿吨，其中查明的资源储量为 4801.03 亿吨，预测的资源量为 4753.51 亿吨，煤炭保有资源量为 4660.05 亿吨，占全国总量的 27.12%，居全国第一位。为了建成保障首都、服务华北、面向全国的清洁能源输出基地，2020 年内蒙古煤炭产量约为 10.26 亿吨，占全国的比重为 26.3%，全区原煤输出比重超过 55%，输出地包括东北、华北、华中、华东等地区。2020 年，内蒙古发电量为 5811

亿千瓦时，居全国首位；外输电量超过规模以上工业发电量的30%，为国家能源安全作出了重大贡献。2020年8月，国家统计局公布了2020年分省（区、市）万元地区生产总值能耗降低率等指标公报。根据2015年价格核算，内蒙古万元地区生产总值能耗不降反升；2017—2020年万元地区生产总值能耗上升幅度达到23.74%，为全国之最。在国家碳达峰和碳中和"双碳"目标约束下，内蒙古节能减排工作面临史无前例的巨大压力。

从内蒙古能源生产与消费总量分析，2020年内蒙古能源生产与消费总量分别为6.45亿吨标准煤和2.67亿吨标准煤（等价值），占全国的比重分别为15.81%和5.36%。从能源生产和消费比率分析，内蒙古能源生产消费比率超过240%，属于典型的能源输出地区，国家综合能源基地的战略地位日益凸显。

根据国家"十二五"规划、《国务院关于印发"十二五"控制温室气体排放工作方案的通知》（国发〔2011〕41号）等关于合理控制能源消费总量的要求，以及《单位国内生产总值二氧化碳排放降低目标责任考核评估办法》（发改气候〔2014〕1828号），地区的考核内容为单位生产总值二氧化碳排放降低目标完成情况，评估内容为任务与措施的落实情况、基础工作与能力建设的落实情况等。在内蒙古开展能源消费总量控制目标及二氧化碳排放峰值研究，研究建立能源消费总量控制目标分解落实机制，分解落实能源和碳排放总量控制目标，加大考核和监督力度，实行目标责任制管理，建立能源消费总量和碳排放峰值预测预警机制，成为内蒙古新时代的一项迫切的战略任务。

作为能源输出地，内蒙古存在节能减排主体与责任错配的问题：第一，内蒙古的能源生产远大于消费，节能减排指标的考核却以生产端为依据；第二，内蒙古一次能源消费部分转化为二次能源输出到其他省区，而节能减排的指标核算没有考虑能源转化后输出的量；第三，从节能减排的效率来看，由于内蒙古在能源生产方面的规模优势，现有的节能减排技术水平较高，进一步节能减排的边际效应递减，节能减排空间收窄。

本书以中国清洁发展机制基金赠款项目"内蒙古自治区能源消费总量控制目标及二氧化碳排放峰值研究"为基础，以中国社会科学院国情调研内蒙古基地为依托，结合国家和地方从事能源发展、气候政策、可持续发展等领域的研究团队，在内蒙古地方政府的支持下，开展内蒙古能源"双控"及"双碳"目标协同效应研究。

研究目标包括：第一，识别内蒙古能源消费和碳排放的重点领域和发展趋势，评估能源消费和碳排放的时空分布、影响及未来风险。第二，结合国家、区域和地方发展战略规划，制定内蒙古能源"双控"及"双碳"目标政策和行动方案。第三，设计内蒙古能源消费和碳排放控制重点企业和盟市分解方案。

项目预期成果及主要活动包括：（1）内蒙古能源消费和碳排放核算方法；（2）内蒙古能源消费和碳排放重点领域发展趋势评估；（3）内蒙古能源消费和碳排放控制的目标定位及重点领域识别；（4）内蒙古能源消费和碳排放控制重点企业及盟市分解方案。

在我国全面建成小康社会、实现第一个百年奋斗目标之后，乘势而上开启全面建设社会主义现代化国家新征程、向第二个百年奋斗目标进军的关键时期，生态文明建设与可持续发展成为新时代我国实现高质量发展的重要旋律。在国家重要能源供应基地内蒙古开展能源"双控"与"双碳"目标协同效应研究，建立能源消费总量控制目标分解落实机制，分解落实能源和碳排放总量控制目标，加大考核和监督力度，实行目标责任制管理，建立能源消费总量和碳排放峰值预测预警机制，成为新时代作为重要国家综合能源基地内蒙古的一项迫切的战略任务。

本书为中国社会科学院国情调研内蒙古基地阶段性研究成果。

目　　录

一　内蒙古能源消费和碳排放核算方法研究

在国际、国内能源和环境统计分析工作中，测算和预测温室气体排放量与污染物排放量方法相似，主要采用三种方法：实测法、物料衡算法和排放系数法。这三种方法是获得测算和预测数据的基础，在估算预测过程中各有所长，互为补充。此外，国内外能源消费总量和温室气体排放总量方面的研究，有的还依托数学公式构建二氧化碳排放测算模型，从宏观、微观等多角度、多层次进行定量测算，深度分析。本章内容将分别就这几种方法进行概述。

（一）　实测法

实测法主要是指通过国家有关部门认定的连续计量设施或其他测量手段，根据生态环保部门的要求，连续测量排放气体（或污染物）的流速、流量和浓度，通过气体排放数学公式来计算气体的排放总量的统计核算方法。公式为：

$$G = KQC$$

$$C = \sum CQ / \sum Q$$

其中 G 为某气体排放量，Q 为介质（空气）流量，C 为介质中某气体浓度，K 为公式中单位换算系数。

由于实测法的基础数据主要来源于环境监测或生产数据监测，

是通过科学、合理地采集样品，实际测量而获得的数据，因此，实测法具有较高的精度。然而，国内外安装监测器主要针对二氧化硫、氮氧化物等污染物进行监测，直接监测二氧化碳排放的较少，主要原因一是企业生产过程中温室气体的排放不仅来自生产过程中的直接排放，还有很大一部分来自企业能源消耗过程的排放及其他间接排放；二是直接监测成本较高，监测设备不仅要监测工业过程中的排放，还要监测能源消费过程及电力消费（或其他物质）的间接排放。从国内外的相关研究理论和应用的情况可以看出，实测法虽然具有较高的精度，但考虑到对二氧化碳单独进行连续监测的成本相当高，且部分温室气体无法实时监测，因此，这种方法监测温室气体排放一般认为不合理。

（二）物料衡算法

物料衡算法是基于质量守恒定律进行推算，也就是说对任何一个生产过程，其中原料消耗量应为产品量与物料损失量之和（温室气体排放量主要基于碳平衡，原料消耗的含碳量应为各类含碳产品、废弃物含碳量与排放气体含碳量之和）。通过物料衡算法可知原料转变为产品以及损失的情况，以便寻求改善的途径。物料衡算法对整个生产过程或过程的某一阶段都适用，既可以对参与过程的全部物质进行衡算，也可对任何一个组分进行计算。通俗地说，就是投入某系统或设备的物料质量必然等于该系统产出物质的质量。

物料衡算法可采用总量法或定额法。总量法是指以原材料总量、主副产品和回收产品总量为基础进行物料平衡，来计算物料总的流失量，对生产过程的某一步骤或局部设备进行物料衡算，一般采用总量法；定额法是指以原材料消耗额为基础先计算单位产品的物料流失量，再求物料流失总量，对整个生产过程一般采用定额法进行推算。目前大部分的碳源温室气体排放量的估算工作和基础数据的获得都是以此方法为基础，进行具体应用计算（见图1-1）。主要有能源的表观消费量估算法和详细的燃料分类的排放量估算法。

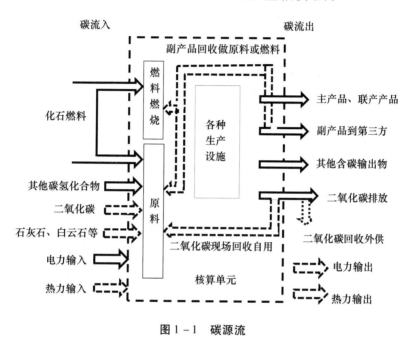

图1-1 碳源流

物料衡算法基于排放单位有完备的基础数据记录和规范、详细的统计方法，物料衡算法可以尽可能地减少数据的不确定性，但也不是每一类排放源都适合此种方法。结合当前国内排放单位的统计现状来看，做到以经济单位为统计的基本单元进行核算，划分边界，区分类别十分费时费力，而且在使用这种方法进行估算时，只能以现有的数据为依托进行单向计算，不能反映与行业或经济单位相关的经济要素对其产生的动态影响。

（三）排放系数法

排放系数法是指在正常技术经济与管理条件下，根据排放单位产品总量或原料消耗总量乘以排放系数来得到整体排放量，排放系数为生产单位产品所排放的气体数量的统计平均值，也称为"排放因子"。

排放系数的数值是在企业正常生产条件下的单位产品的排放物的量，可通过实测、物料衡算调查得到，也可以采用行业平均数据。现今，国内使用的碳排放系数分为两种，一种是在没有气体回收的情况下，生产某单位产品所产生的气体排放量；另一种是在某气体回收或治理的情况下，生产某单位产品所产生的气体排放量。

碳排放系数法的计算公式为：

$$E = EF_{产品} \times 产品产量$$

其中 E 为二氧化碳排放量，EF 为生产单位产量产品时的二氧化碳排放量。

由排放系数法的公式推断可知，只要知道了某生产单位的产品产量和碳排放系数即可以确定碳排放量；但在不同技术水平、生产状况、能源使用情况、工艺过程等因素的影响下的碳排放系数存在较大差异。因此，使用排放系数法存在的不确定性也较大。排放系数法对于统计数据不够详细的情况有较好的适用性，因此对一些规模小的企业估算其排放量也有较高的效率。

排放系数法虽然也有一定的适用性，但是因各排放单位生产方式、能效水平及现实条件存在极大的差别，且生产排放单位数量大、不容易估算。因此在计算区域温室气体排放过程中多采用消耗原料碳排放系数法。

碳排放系数法的计算公式为：

$$E = E_{煤炭总量} \times EF_{煤炭因子} + E_{石油} \times EF_{石油因子}$$
$$+ E_{天然气总量} \times EF_{天然气因子} + E_{电力} \times EF_{电力因子}$$

其中 E 为二氧化碳排放总量，$E_{煤炭总量}$ 为地区或区域消耗的煤炭总量（折算成标准煤），$EF_{煤炭因子}$ 为地区或区域内单位煤炭（标准煤）消耗产生的二氧化碳排放量，$E_{石油总量}$ 为地区或区域消耗的石油总量，$EF_{石油因子}$ 为地区或区域内单位石油消耗产生的二氧化碳排放量，$E_{天然气总量}$ 为地区或区域消耗的天然气总量，$EF_{天然气因子}$ 为地区或区域内单位天然气消耗产生的二氧化碳排放量，$E_{电力}$ 为地区或区域消耗的电力总量（可能存在负值），$EF_{电力因子}$ 为地区或区域内单位电力消耗产生的二氧化碳排放量。

当前国内外在进行区域碳排放政策分析、减排项目实施影响与效果等分析时，多采用此种方法进行估算。国内外相关机构、行业部门根据自身实际、能耗水平，经系统测算提出了一次能源排放因子，见表1-1各种能源的碳排放系数统计；电力排放因子多采用国家公布的各地电力排放因子进行计算，具体见表1-2中国区域电网平均二氧化碳排放因子。

表1-1　　　　　　　**各种能源的碳排放系数统计**（单位：吨碳/吨标准煤）

数据来源	煤炭	石油	天然气	水电、核电和其他非化石能源
DOE/EIA	0.702	0.478	0.389	0
日本能源经济研究所	0.756	0.586	0.449	0
国家科委气候变化项目	0.726	0.583	0.409	0
国家发改委能源研究所	0.743	0.583	0.444	0
平均值	0.733	0.558	0.423	0

表1-2　　　2011年和2012年中国区域电网平均二氧化碳排放因子

（单位：千克二氧化碳/千瓦时）

地区	2011年	2012年
华北区域电网	0.8967	0.8843
东北区域电网	0.8189	0.7769
华东区域电网	0.7129	0.7035
华中区域电网	0.5955	0.5257
西北区域电网	0.6860	0.6671
南方区域电网	0.5748	0.5271

　　具体到排放单位温室气体排放核算上，为加快构建国家、地方、企业三级温室气体排放核算工作体系，支持实施重点企业直接报送温室气体排放数据制度，确保完成建立全国碳排放权交易市场等重点改革任务，国家发展和改革委员会分三批发布《中国发电企业温室气体排放核算方法与报告指南（试行）》《中国电网企业温室气体排放核算方法与报告指南（试行）》《中国钢铁生产企业温室气体排放核算方法与报告指南（试行）》《中国化工生产企业温室气体排放核算方法与报告指南（试行）》《中国电解铝生产企业温室气体排放核算方法与报告指南（试行）》《中国镁冶炼企业温室气体排放核算方法与报告指南（试行）》《中国平板玻璃生产企业温室气体排放核算方法与报告指南（试行）》《中国水泥生产企业温室气体排放核算方法与报告指南（试行）》《中国陶瓷生产企业温室气体排放核算方法与报告指南（试行）》《中国民航企业温室气体排放核算方法与报告格式指南（试行）》《中国石油和天然气生产企业温室气体排放核算方法与报告指南（试行）》《中国石油化工企业温室气体排放核算方法与报告指南（试行）》《中国独立焦化企业温室气体排放核算方法与报告指南（试行）》《中国煤炭生产企业温室气体排放核算方法与报告指南（试行）》《造纸和纸制品生产企业温室气体排放核算方法与报告指南（试行）》《其他有色金属冶炼和压延加工业企业温室气体排放核算方法与报告指南（试行）》《电子设备制造企业温室气体排放核算方法与报告指南（试行）》《机械设备制造企业温室气体排放核算方法与报告指南（试行）》《矿山企业温室气体排放核算方法与报告指南（试行）》《食品、烟草及酒、饮料和精制茶企业温室气体排放核算方法与报告指南（试行）》《公共建筑运营单位（企业）温室气体排放核算方法和报告指南（试行）》《陆上交通运输企业温室气体排放核算方法与报告指南（试行）》《氟化工企业温室气体排放核算方法与报告指南（试行）》等 24 个行业企业温室气体核算指南,为各行业排放单位进行排放数据核算,明确了核算边界,提供了计算方法。其中大部分温室气体排放采用系数法进行计算(如发电行业温室气体排放核算方法和报告指南制定的发电行业核算方法),各地在汇总重点企业温室气体排放总量时基础上,结合农牧业生产、居民生活、交通运输等领域的温室气体排放估算地区整体的温室气体排放量。

专栏1-1 发电行业企业温室气体核算方法

发电行业温室气体排放总量为化石燃料燃烧的二氧化碳排放、企业净购入使用电力产生的二氧化碳之和。

$$E_{二氧化碳} = E_{二氧化碳燃烧} + E_{二氧化碳脱硫} + E_{二氧化碳净电力} \qquad (1)$$

其中,$E_{二氧化碳}$为报告主体的二氧化碳排放总量(吨二氧化碳,下同),$E_{二氧化碳燃烧}$为报告主体化石燃料燃烧产生的二氧化碳排放,$E_{二氧化碳脱硫}$为报告主体脱硫过程产生的二氧化碳排放,$E_{二氧化碳净电力}$为报告主体净购入的电力消费引起的二氧化碳排放。

1. 化石燃料燃烧排放

$$E_{燃烧} = \sum (AD_i \times EF_i) \qquad (2)$$

其中,$E_{燃烧}$为燃烧化石燃料产生的二氧化碳排放量(吨二氧化碳),AD_i为化石燃料i的活动水平(太焦),EF_i为化石燃料i的排放因子(吨二氧化碳/太焦)。

(1)活动水平数据及来源

第i种化石燃料的活动水平AD_i计算公式:

$$AD_i = FC_i \times NVC_i \times 10^{-6} \qquad (3)$$

其中,AD_i为化石燃料i的活动水平(太焦),FC_i为化石燃料i的消耗量(吨或千标准立方米),NVC_i为化石燃料i的平均地位发热值(千焦/千克或千焦/标准立方米),i为化石燃料的种类。

(2)排放因子数据及来源

第i种化石燃料的排放因子EF_i计算公式:

$$EF_i = CC_i \times OF_i \times (44/12) \qquad (4)$$

其中,EF_i为化石燃料i的排放因子(吨二氧化碳/太焦),CC_i为化石燃料i的单位热值含碳量(吨碳/太焦),OF_i为化石燃料i的碳氧化率(%),44/12为二氧化碳与碳的分子量之比。

2. 脱硫过程排放

$$E_{脱硫} = \sum_k CAL_k \times EF_k \qquad (5)$$

其中，$E_{脱硫}$ 为脱硫过程的二氧化碳排放量（吨二氧化碳），CAL_k 为第 k 种脱硫剂中碳酸盐消费量（吨碳酸盐），EF_k 为第 k 种脱硫剂中碳酸盐的排放因子（吨二氧化碳/吨碳酸盐），k 为脱硫剂类型。

3. 购入使用电力产生的排放

$$E_电 = AD_电 \times EF_电 \qquad (6)$$

其中，$E_电$ 为购入使用电力产生的二氧化碳排放量（吨二氧化碳），$AD_电$ 为企业的净购入电量（兆瓦时），$EF_电$ 为区域电网年平均供电排放因子（吨二氧化碳/兆瓦时）。

（四）模型法

温室气体的排放源涵盖与人类生产生活相关的各个方面，因此从宏观层次、行业层次到项目层次进行排放情景与政策分析时，研究对象成为较为复杂的系统，此时采用模型分析法是最为有效的研究手段。模型法是目前世界各国在进行气候变化政策、减排分析等相关领域研究时主要采用的手段，模型法主要应用的领域为土地利用变化和森林的碳通量研究、能源环境经济综合评价和气体变化政策分析、气候变化的社会经济评价与对策研究等。国内外研究人员针对温室气体排放总量构建了生物地球化学模型、ERI-AIM/中国能源排放模型、IMAGE 模型等。

1. 生物地球化学模型

1996 年美国和欧洲科学家发起建立了全球碳通量观测网，我国于 2002 年正式启动中国陆地系统碳通量观测项目（陆地生态系统碳通量是指二氧化碳在单位时间单位面积由陆地碳库传入平流层的质量）。由于研究对象是以森林与土壤这类复杂的生态系统为介质，碳通量受季节、地域、气候、人类与各种生物活动、社会发展等诸多因素的影响，二氧化碳估算的不确定性很大。而各因素之间又相互作用，因此，对于森林与土壤的排碳量，国际上比较多用生物地球化学模型进行模拟，其主要通过考察环境条件，包括温室、降水、太阳辐射和土壤结构等条件为输入变量来模拟森林、土壤生态系统的碳循环过程，从而计算森林—土壤—大气之间的碳循环以及温室气体通量。

2. I/O-INET 模型

I/O-INET 模型是投入产出模型与能源系统优化模型耦合构成的模型体系，主要研究温室气体减排技术对策与宏观经济的相互影响关系。I/O-INET 模型一般是通过一组线性方程描述经济部门之间的复杂关系，经过适当的扩展使其包括经济行为与环境间的关系后用于环境政策分析。但 I/O-INET 模型主要用于分析二氧化碳排放清单、减排政策的产业效果等，由于模型方程中的系数是固定的，因此难以描述模型中的相关要素替代、技术变化以及行为变化。

3. CGE 模型

CGE（Computable General Equilibrium）模型是计算一般均衡模型，源于瓦尔拉斯的一般均衡理论。在应对气候变化领域研究中，主要用来估算温室气体的排放，系统分析温室气体减排政策的影响。该模型通过多个市场和机构的相互作用，估计某一特殊政策变化所带来的直接影响和间接影响以及对宏观经济整体的影响。具体为在某一特殊因素变动下，估算区域温室气体的排放量的影响。与计量经济模型相比，CGE 模型有着清晰的微观经济结构和宏观变量与微观变量之间的链接关系，模型不再是一个"黑箱"；与 I/O-INET 模型相比，它考虑了要素的相互替代，引入了经济主体的优化决策等；与混合模型相比，由于它将政策变量纳入经济系统的整体中，无论政策的变化如何冲击均能反映到整个经济系统中，从而对政策的研究起到较好的效果。但CGE模型是以一般均衡理论为基础的模型，其动态模型一般都采用递推机制，这在短期模型中有其合理性，而如果体现长期动态机制则是CGE模型面临的挑战。

4. ERI-AIM／中国能源排放模型

ERI-AIM／中国能源排放模型是1994年起能源研究所与日本国立环境研究所合作，共同研发的AIM、亚太地区气候变化综合评价模型中的温室气体模型的一个相对独立的子模型。主要由三个模块组成：一是"能源服务量计算模型"，可进行社会服务需求量（能源服务量）的计算，与决定经济、社会等变量的外部模型进行结合，以生活方式、环境保护意识变化的服务单位量为基础，推算能源服务需求量；二是计算能源效率变化的"能源效率计算模块"，主要针对能源设备的技术信息进行充分描述的部分；三是对决定能源效率的各种服务技术进行选择的模块，是以经济核算等标准来评价服务设备的好坏，为各阶段各种服务需求选择最佳设备。

5. IMAGE 模型

IMAGE（Integrated Model to Asssess Greenhouse Effect）模型是荷兰环境与公共健康研究所在20世纪80年代末90年代初开发的主要用来进行温室气体排放的情景与减排政策分析研究的综合评估模型，最早是用来研究温室气体排放及对气候的影响的。IMAGE模型的第一个模块是用来核算温室气体排放量的，该模块由能源消费模型和土地利用模型两个子模块组成。能源消耗由能源消费需求驱动，根据不同部门在能源市场中所占的比例，可以计算出不同部门未来的能源需求趋势，进而汇总能源消耗过程中排放的温室气体总量。土地利用模块中，主要考虑 8 种土地类型，计算从水稻田到牲畜牧群等排放的温室气体总量。IMAGE 模型的第二个模块是整个模型的核心，主要模拟气候变化系统中的各种物理、化学以及生物过程。IMAGE 模型模块对气候变化影响评估的研究十分有限，主要局限于探索海平面变化对荷兰沿海地区影响的风险分析。

6. LEAP 模型

LEAP 模型（长期能源替代规划模型）由瑞典斯德哥尔摩环境研究所及美国波士顿大学共同研发，是一个基于情景分析的能源—环境模型工具，可以进行中长期能源供需平衡分析、能源流通和消费过程中大气污染物及温室气体的排放及成本效益分析，可以用来追踪一个经济体中所有部门之间的资源开采、能源生产和消费行为。LEAP 模型包括能源供给、能源加工转换、终端能源需求 3 个环节，可根据项目的要求自由调整模型的结构和数据框架，涵盖了几乎所有的能源需求、转换、传输、分配和终端使用，能够模拟已存在的和即将应用的终端用能技术。LEAP 模型应用过程首先是进行发展历史的回顾性分析，然后对未来的趋势做出一系列假定，接着对政策措施、经济状况和技术水平等因素进行有目的的设定，在此基础上建立数据模型，输入相关参数，得出预测结果。LEAP 模型通过预测长期能源的使用状况来估算温室气体的排放情况，其局限性主要表现在模型只反映了经济系统过去相应时间段的行为特征，经济主体不可以直接对政策做出有效率或准确的响应，因此不适合分析较大的政策变化。

7. EIO-LCA 模型

EIO-LCA 模型（经济投入产出生命周期评价方法）由 Hendrickson 等人提出，主要用于分析产品或服务生产链中的环境影响。该方法融合生命周期与投入产出方法的优点，既能分析单个产品从"摇篮"到"坟墓"的环境影响，又能结合稳定的环境账户数据，研究中观（部门）水平所有经济活动的碳排放量。生命周期分析提供了一种思路，投入产出分析则提供了核算的方法，将生命周期分析与投入产出整合时有多种方式，比如把产品作为一个新的假设工业部门，分解现有产业部门，再根据生命周期进行迭代分类。该模型将自上而下方法与自下而上方法整合，核算项目比较齐全；既考虑直接碳排放，也计算了间接碳排放。然而该方法对数据质量要求高，不仅要有详尽的统计数据，也要有可靠的调查数据，应用成本较高，操作流程复杂。

模型法是目前世界各国在气候变化政策、减排分析等相关领域研究主要采用的手段，在模型的开发应用上，我国缺少对模型方法学的研究。模型法主要针对温室气体减排政策实施后对地球各生态系统、社会发展影响的评估，在估算过程中，需更多地考虑整个经济或生态系统中各要素的相关关系，而没有重点考虑碳源本身的特点，碳排放核算精度上可能有些欠缺。因此对于碳源排放量的研究，还应结合其他的思想和方法来解决。

（五） 因素分解法

因素分解法是研究二氧化碳排放峰值的重要方法，自 20 世纪 80 年代就已经成为了国际能源相关领域研究的热点问题。因素分解分析方法是一种研究事物的数量变动特征，并且在此基础上进行其作用机理研究的一种方法；是将复杂的研究对象分解为若干个简单的和易于分析的研究对象，然后通过对简单对象变化机理的量化研究来观测其对复杂对象变化过程的影响强弱，从而进行分析的分析框架和分析方法；即该方法以数量的方式衡量和确定各影响因素或驱动因素对事物影响效应的大小。国内外普遍采用的分解方法主要有两种：一种是结构分解方法

SDA（Structural Decomposition Analysis），一种是指数分解方法
IDA（Index Decomposition Analysis），其主要原理是将总量或者
强度指标分解为一些基本的具体指标，多分解为规模、结构和
效率三个方面。

因素分解法起初主要应用在能源消费变化的研究中，它作
为一种研究事物变化特征及其作用机理的重要方法，在各种领
域的应用研究中都得到了广泛运用。在将能源消费或碳排放视
为各种影响因素或驱动因素共同作用结果的基础上，对其进行
分解分析，可以定量地考察研究各影响因素或驱动因素的数量
变化对能源消费量或碳排放量变化的影响效应。目前国内外众
多学者都已经采用这种方法进行研究，并得到了广泛的认可，
成为研究此类问题较为有效的技术方法和手段。目前已经有众
多学者将因素分解法应用于碳排放的研究中，其实质是将碳排
放分解为几个因素指标的乘积，并根据不同的确定权重的方法
进行分解，以确定各个指标的增量份额，再以定量分析因素变
动对碳排放量变动的影响。因素分解法用于对研究对象进行定
性及定量分析，不受数据量限制，所以此类方法的使用非常广
泛。这种方法在使用时往往将各因素分解为乘积的形式，一般
依托 IPAT 方程、Logistic 方程和 Kaya 方程等进行分解分析。

1. 结构分解方法 SDA

SDA 分解方法最早由美国 Wassily W. Leortief 在 1936 年提
出。SDA 在碳排放领域具有较好的分析效果，能够对各种深层
次因素进行拓展分析；但其缺点是在实现因素分析的过程中，
往往需要非常复杂的数学模型以及庞大的数据来支撑，才能取
得较好的分析。国内学者一部分采用基于投入产出表的结构分
解分析方法研究中国的碳排放影响因素，以消费系数矩阵为基
础，使用投入产出表中所蕴含的比较静态分析方法，通过对各
影响因素或驱动因素的影响效应大小进行较为系统、全面、细

致的研究分析。

结构分解分析方法具备很好的理论背景，能够较为清晰地显现出能源消费或碳排放变化与诸宏观经济变量变化之间的关系，但其缺点是计算起来较为复杂，不易于操作。结构分解方法在研究二氧化碳排放问题时一般可分解为投入产出系数、产业部门的产出系数、最终消费比例和总产值因子等乘积，然后计算投入产出系数对二氧化碳排放的影响。

投入产出表有实物和价值两种形式。实物表亦称综合物资平衡表，按实物单位计量，主栏为各种产品，分为三部分："资源""中间产品""最终产品"。分别列出固定资产的更新、改造、大修，年末库存（或储备），集体消费，个人消费和出口。价值表是按纯部门编制的，纯部门是由生产工艺、消耗构成、产品用途基本相同的产品所构成的部门。结构分解分析正是以投入产出模型和数据作为分解的基础，利用投入产出表中所包含的原始投入、中间投入、中间使用、最终使用、总产出部分以及各部分内部之间的经济联系和数量依存关系来确定影响研究对象的某些因素，因此结构分解分析也被称为投入产出结构分解分析或投入产出分解分析。模型利用两个时期的投入产出表将这一时间段内分析对象的变动分解为几个基本因素的变动，对这些变量的变动进行比较静态分析，从而克服了投入产出模型的静态特征，因此投入产出模型成为分解经济增长、能源使用、材料使用强度以及污染物排放等诸多变量影响因素的有效工具之一。

投入产出分析表可以从横向和纵列两个方向进行考察，横向从使用价值的角度反映各部门产品的分配使用情况，分为第一、第二两部分；纵列反映部门产品的价值形成，分为第一、第三部分。第四部分反映非生产部门和个人通过国民收入再分配所得到的收入，一般不编这一部分。

在投入产出表的基础上，可以建立以下投入产出模型。

表 1－3 投入产出模型

投入产出表单位：万元							
产出 ＼ 投入	中间产品			最终产品			总计
	部门 1 X1	… 部门 n Xn	合计 Xi	积累 Ai	消费 Ci	合计 Yi	
部门 1 X1	第一部分			第二部分			
…							
部门 n Xn							
合计 Xj							
折旧 Dj	第三部分			第四部分			
劳动报酬 Vj							
合计							
总计							

（1）行平衡关系

中间使用 + 最终使用 = 总产出

$$\sum_{i=1}^{n} x_{ij} + N_j = X_j$$

（2）列平衡关系

中间投入 + 初始投入 = 总投入

$$\sum_{i=1}^{n} x_{ij} + N_j = X_j$$

（3）总量平衡关系

每个部门的总投入 = 该部门总产出

$$\sum_{i=1}^{n} x_{ij} + D_j + V_j + M_j = \sum_{j=1}^{n} x_{ij} + C_i + EX_i - IM_i$$

总投入 = 总产出

$$\sum_{j=1}^{n} X_j = \sum_{i=1}^{n} X_i$$

中间投入合计 = 中间使用合计

$$\sum_{j=1}^{n}\sum_{i=1}^{n}x_{ij} = \sum_{i=1}^{n}\sum_{j=1}^{n}x_{ij}$$

初始投入合计 = 最终使用合计

$$\sum_{i=1}^{n}Y_i = \sum_{j=1}^{n}N_j$$

2. 指数分解方法 IDA

指数分解方法利用产业部门水平的综合数据，进行时间序列分解和区间分解。其原理是将总量或者强度的指标分解为几个因素相乘或者相加的形式，并根据不同的权重进行分解，以确定各个分解指标的变化量。同时，分解的对象可以包括对部门和行业进行分解，也可以对不同国家、地区进行分解研究。指数分解分析方法相对来说已经比较成熟，通过众多学者多年应用证明，研究碳排放和能源领域问题是较为有效的研究方法。指数分解分析方法的优点在于有助于抓住事物或现象的主要矛盾来进行影响因素的效益分解，从而为研究提供直接的参考依据。

指数分解分析方法可以将目标变量的变化分解成一系列相关影响因素的变化，从而分别计算和分析出各影响因素对目标变量的具体贡献度，进行数量对比与分析；通过把目标变量分解为影响因素的有效组合，量化各个有效影响因子对研究对象变化的促进或抑制效果。指数分解分析方法由于构造的模型更为简单深刻，所以适合时间序列数据的分解。与结构分解分析方法相比，指数分解分析方法仅需使用各部门的加总数据进行分析，尤其适合包含时间序列数据且影响因素较少的因素分解分析。而且，指数分解分析方法更易于操作且运用起来更为简单，因此，指数分解分析方法在能源消费和碳排放的相关研究领域应用得更为广泛。模型通常包含四种分解方法，分别为保留交叉项、加权分解法、两极分解法与中心点加权法。从技术层面上考虑，指数分解分析方法可以避免多元统计分析中要素之间存在多重共线性而导致结果无效的现象。

相对于结构分解分析方法需要投入产出表数据作为支撑，指数分解分析方法因只需使用部门加总数据，在各种研究中得到广泛使用。与投入产出结构分解法相比，其计算较为简便，而且数据较易获取，所以运用较为广泛。在具体运用中，指数分解方法根据确定权重的不同可分为自适应权重分解法（Adaptive Weighting Division，AWD）、拉斯贝尔指数分解法（Laspeyres Index Division，LID）、对数平均迪氏分解法（Logarithmic Mean Divisia Index，LMDI）和简单平均分解法（Sample Average Division，SAD）。这些分解方法各有特点，与其他指数分解方法相比，对数平均迪氏分解法不仅可以进行加法和乘法两种分解，而且分解后的结果残差均为零。由于这种分解方法结果可靠，运用简单，结果容易解释，所以越来越多的研究运用这个方法。

（1）拉斯贝尔指数分解法（LID）

拉斯贝尔指数分解法是 Laspeyres 在 1847 年提出的，起初这个方法是用来研究社会经济问题的，后来该方法被众多学者应用到碳排放的分析中。传统拉斯贝尔指数分解模型是通过测量某个变量从期末到期初的变化，而使其他所有变量保持不变来分离被测变量对一段时间内温室气体排放所产生的效应。该模型易于理解，就是使其他因素不变而考虑某一因素变化产生的结果。但一般而言，由于此种分解结果中包含一个分解余项，模型得到的各个影响因素效应水平并不能完全代表温室气体排放量的真实变化。如果温室气体的真实变化能够全部分解到各个影响因素中，可以称所使用的分解模型为完全分解模型，而拉斯贝尔指数分解法是一种不完全分解模型。指数分解有两种形式，即乘法分解和加法分解，两种分解方法本质上是相同的。乘法分解思路是从期末能源强度与期初能源强度的比值研究能源强度的变化，加法分解思路是从能源强度在某时期内绝对值的变化量来研究能源强度的变化。乘法分解就是将能源强度比

值 D_{tot} 分解为结构效应 D_{str} 与强度效应 D_{int} 的乘积，即：

$$D_{tot} = I_T/I_O = D_{str}D_{int}$$

结构效应为：

$$D_{str} = \sum_i S_{i,T}I_{i,O} \Big/ \sum_i S_{i,O}I_{i,O}$$

能源强度效应为：

$$D_{int} = \sum_i S_{i,T}I_{i,T} \Big/ \sum_i S_{i,O}I_{i,O}$$

剩余项为：

$$D_{rsd} = D_{tot}/(D_{str}D_{int})$$

乘法分解存在剩余项，若对结构效应和能源强度效应取拉斯贝尔算法与帕煦（Paasche Index）算法的几何均值，则会消除剩余项。这种算法为费雪指数算法（Fisher Index），是对拉斯贝尔算法的改进，其结构效应与能源强度效应分别如下。

结构效应：$D_{str} = \left(\dfrac{\sum\limits_i s_{it}I_{i0}}{\sum\limits_i s_{i0}I_{i0}} \dfrac{\sum\limits_i s_{it}I_{it}}{\sum\limits_i s_{i0}I_{it}} \right)^{1/2}$

能源强度效应：$D_{int} = \left(\dfrac{\sum\limits_i s_{i0}I_{it}}{\sum\limits_i s_{i0}I_{i0}} \dfrac{\sum\limits_i s_{it}I_{it}}{\sum\limits_i s_{it}I_{i0}} \right)^{1/2}$

（2）环境库兹涅茨曲线

环境库兹涅茨曲线由美国经济学家 Gene Grossman 和 Alan Krueger 提出，起初应用于分析人均收入水平与分配公平程度之间的关系。他们的研究表明经济增长和环境污染之间呈倒"U"形的关系，环境质量随着经济增长的积累呈先恶化后改善的趋势，即一个国家或地区经济发展水平较低的时候，环境污染的程度较轻；但是随着人均收入的增加，环境污染由低趋高，环境恶化程度随经济的增长而加剧；当经济发展达到一定水平后，也就是说到达某个临界点或称"拐点"以后，随着人均收入的进一步增加，环境污染又由高趋低，其环境污染的程度逐渐减缓，环境质量逐渐得到改善，这种现象被称为环境库兹涅茨曲线。

针对一些人依据环境库兹涅茨曲线而认为经济增长是解决环境问题的关键这一问题，Tisdell 提出污染密度（Pollution Intensity，指单位产出的污染排放）比总污染更具有意义，因为污染密度的升降更能体现经济增长过程中污染变动的全面情况。Tisdell 将污染分边际污染、平均污染与总污染，着重考察边际污染指标的价值。国内外部分学者将环境库兹涅茨曲线应用在温室气体排放研究过程中，在分析中，假定二氧化碳不是累积性的，收入上升至一定水平后，则排放密度指标下降；这些指标问题在环境库兹涅茨曲线研究中是容易改进的，可以选择中值收入指标、排放密度指标或更有价值的指标考察环境库兹涅茨曲线；不仅考察总污染，也研究边际污染的变动轨迹，全面把握经济增长过程中污染变动的动态。继 Gene Grossman 和 Alan Krueger 之后，出现了大量关于环境污染与经济增长的研究，但多数集中于对二氧化硫、氮氧化物等的研究，而选择二氧化碳作为环境指标的研究相对较少，但该方法变量因素单一，仅能预测经济对二氧化碳排放量的影响，具体模型为：

$$LP_{二氧化碳} = \alpha + \beta_1 LPY + \beta_2 L^2 PY$$

其中，$P_{二氧化碳}$ 为人均二氧化碳排放量，PY 为人均 GDP，PY^2 为人均 GDP 的平方。

环境库兹涅茨曲线理论假说提出后，实证研究不断。结论呈多样化，有的支持倒"U"形，也有结论显示两者呈"U"形、"N"形、单调上升型、单调下降型，并且不同污染物的污染与收入间关系呈现差异形态，对环境库兹涅茨曲线提出了挑战，学术界在理论上也展开了对环境库兹涅茨曲线的批评。Arrow 等批评环境库兹涅茨曲线假定收入仅是一个外生变量，环境恶化并不减缓生产活动进程，生产活动对环境恶化无任何反应，并且环境恶化也未严重到影响未来的收入。但是，低收入阶段环境恶化严重，经济难以发展到高水平阶段，也达不到使环境改善的转折点。经济增长与环境是互动的大系统，环境恶化也影响经济增长和收入提高，需要进一步构建将收入内生化的模型探讨环境质量与收入水平间的互动关系。

（3）Kaya 模型

Kaya 模型由日本学者 Yoichi Kaya 于 1989 年在联合国政府气候变化专门委员会（IPCC）举办的研讨会上提出。模型以 Kaya 恒等式为基础，Kaya 恒等式是通过一个简单的数学公式将二氧化碳排放量分解成与人类生产生活相关的四个要素（社会、经济、能源、排放），用于评估温室气体排放量影响因素。Kaya 恒等式具有数学形式简单、分解无残差、对碳排放变化推动因素解释力强等优点，Kaya 恒等式条理清晰，不仅包括了影响排放总量的各个重要方面，并能精确量化各驱动因素的贡献，因而被广泛应用于各个国家和地区的能源消耗碳排放因素分解分析上。在当前，虽然碳排放的影响因素很多，也存在很多未知的领域，但通过使用 Kaya 恒等式，利用一个公式可以把一些宏观因素（国内生产总值、能源消费总量、人口规模等）通过数学的乘除法与碳排放联系起来。研究者可以根据一个国家或地区各年的经济发展情况来估算这个国家或地区排放的二氧化碳量，同时也可以对国家或地区未来的碳排放量进行预测研究，以及碳排放量与宏观因素之间的关系，即宏观因素对碳排放量的影响。

Kaya 恒等式的原理为乘除法运算规律，通过 Kaya 恒等式分解出的影响因素是直观的、可测量的宏观因素。将二氧化碳排放的影响因素归纳为 4 个因子：人口效应、经济效应、能源强度效应和碳强度效应，每个因子对二氧化碳排放的影响程度可以通过数学方法因素分解进行分析，即把变量的变化分解成几个部分，细化每一个影响因素的深层意义。通过 Kaya 恒等式，我们可以用历史数据测算各个国家和地区的历史碳排放量的影响因素。当有若干因素对分析指标产生影响时，在假设其他各因素不变的情况下，依照顺序确定每个因素单独变化时，对分析指标产生的影响。

Kaya 恒等式的数学表达式为：

$$C = \sum_i \frac{E_i}{E} \times \frac{C_i}{E_i} \times E = \sum_i S_i \times F_i \times E$$

其中，C 为碳排放总量，E 为能源消费总量，C_i 为第 i 种能源消费产生的碳排放量，E_i 为第 i 种能源的消费量，S_i 为第 i 种能源在能源消费总量中所占的比重，F_i 为第 i 种能源的碳排放强度，即第 i 类能源的单位碳排放量。

（4）Logistic 模型

Logistic 数学模型能够较好地描述形如"S"形增长曲线的有界增长现象，具有数学计算的简单性和经济含义上的明显性，目前已经应用于经济学、生物学、预测学、信息科学和农业科学等多个学科领域进行预测分析。logistic 数学模型的因变量可以是二分非线性差分方程类的，也可以是多分类的，但是二分类的更为常用，也更加容易解释，所以实际中最为常用的就是二分类的 logistic 回归。Logistic 模型突破以往对于碳计量的静态评估，可对数据进行动态的预测，使碳排放核算结果更有效、更具说服力。Logistic 模型的精确度受取值 K 的影响较大，只要将 K 值确定在一个比较合理的范围内，它都可以给出一个比较高的拟合优度，而且预测的误差不管短期或中长期均处于较低的范围。具体碳排放量增长的 Logistic 预测模型方程为：

$$\frac{d_x}{d_t} = rx\left(1 - \frac{x}{k}\right)$$

其中，x 为碳排放增量，k 为碳排放最大容量，r 为不定常数，t 为年份。

两边积分后，再进行回归分析。

（5）对数平均迪氏分解法（LMDI）

2001 年 Ang 教授提出了对数平均迪氏分解法，目前此种研究方法在能源消费和碳排放影响因素分析领域有着广泛的应用。LMDI 法将分解得到的因素看做连续的可微时间函数，并能够完全分解余项，不会产生无法解释的余项。在 2007 年，Ang 教授又对 LMDI 法进行了优化，使得 LMDI 法能够灵活地处理分解应用过程中所出现的 0 值和负值，分解模型得到进一步改善，应用范围进一步拓展。LMDI 方法作为应用于能耗分解的首选方法，与其他的分解方法相比，具有如下优点：第一，LMDI 模型分解所得结论更加符合实际，因为分解所得的所有残差都能得到合理解释，模型具有良好的解释力和说服力；第二，LMDI 法分解结果中的分部门效应的合计值和分解总效应值没有差别，换句话说，分解结果中的各分部门的贡献值与各部门共同作用的总体所得的总贡献值是一致的，这样的结果更加科学合理。

由于 LMDI 算法消除了剩余项，该方法不但能用来分解能源变化的影响因素，而且可以用来分解碳排放变化的影响因素。国内外众多学者使用 LMDI 法，为 LMDI 算法贡献了大量研究文献。LMDI 模型同 AMDI 模型一样也是以指数为基础，但在分解过程中使用对数平均权重函数代替了 AMDI 模型里使用的算术平均权重函数，因此称之为对数平均 Divisia 指数分解模型。为了避免 AMDI 算法存在剩余项，用对数均值代替算术均值来消除剩余项。两个正数 x、y 的对数均值为：

$$L(x,y) = (y-x)/\ln(y/x)$$

用对数均值来代替算数均值后，乘法分解的结构效应和能源强度效应为：

$$D_{str} = \exp\left\{ \sum_i \frac{L(\omega_{i,T},\omega_{i,0})}{\sum_i L(\omega_{i,T},\omega_{i,0})} \ln(S_{i,T}/S_{i,0}) \right\}$$

$$D_{int} = \exp\left\{ \sum_i \frac{L(\omega_{i,T},\omega_{i,0})}{\sum_i L(\omega_{i,T},\omega_{i,0})} \ln(I_{i,T}/I_{i,0}) \right\}$$

加法分解的结构效应与能源强度效应为：

$$\Delta I \, str = \sum_i L(E_{i,T}/Y_T, E_{i,0}/Y_0) \ln(S_{i,T}/S_{i,0})$$

$$\Delta I \, int = \sum_i L(E_{i,T}/Y_T, E_{i,0}/Y_0) \ln(I_{i,T}/I_{i,0})$$

当前的 LMDI 分解算法多用于碳排放和能源消费的变化量等单一统计指标的分解中，其早期的分解结构设计也确实是针对此类指标设计的。对于中国等发展中国家，随着社会经济的迅速发展，其碳排放量和能源消费量的增长量和增长率往往都是远高于发达国家的，这是由其社会经济发展的阶段性特点所决定的。因此，如果过于强调碳排放和能源消费的变化量，并以此作为核心指标来衡量一个国家或地区对化石能源消费及碳排放的控制效果，进而作为国际减排份额的依据，显然对发展中国家是非常不利的。

二 内蒙古能源消费和碳排放
趋势评估

　　能源是经济和社会发展的重要物质基础，能源消费与经济增长之间有着密切的关系，能源消费是经济增长的推动力量，决定着经济增长的规模和速度。然而，快速的经济增长不可避免地增加了能源消费，扩大的能源消费导致大量温室气体排放，给经济和社会发展带来严峻挑战。目前，全球生态环境日益恶化，传统粗放的以"高能耗、高污染、高排放"为代价的经济增长模式已不再适用，发展低碳经济成为世界各国的必然选择。我国作为温室气体排放大国和能源消费大国，在可持续发展和世界大力倡导低碳经济的趋势下，如何协调能源消费、碳排放与经济增长的关系成为关键问题。

　　内蒙古地域辽阔，资源富集，其中以煤炭为主的能源矿产资源和以风能、太阳能为主的可再生能源资源储量巨大，赋存条件优良，能源产业基础扎实，发展迅速。近年来，随着内蒙古经济的快速发展，能源消费需求与日俱增，二氧化碳排放量日益增长，传统能源产业发展与生态环境的矛盾日渐凸显，成为经济发展的制约瓶颈，引起社会的高度关注。作为国家能源战略基地和能源生产消费大区，既要保证为全国以及内蒙古的经济快速发展提供重要的能源保障，又要实现经济发展与环境、生态保护并行，对内蒙古来讲，任重道远。因此，如何保证合理能源消费、碳排放量有效控制、保护生态环境和经济可持续发展成为亟待解决的问题。本部分研究通过对内蒙古能源消费及由此产生的温室气体排放现状进行分析，为能源消费总量及温室气体排放趋势预测奠定基础。

（一）能源消费总量和碳排放总量

内蒙古2005—2020年能源消费总量和据此核算的碳排放总量数据见表2-1和图2-1，2005—2020年内蒙古各类能源消费所占比重见图2-2。根据全国第四次经济普查结果，内蒙古对2005—2018年能源消费总量和比重数据进行了调整。

表 2-1 　　　 2005—2020 年内蒙古能源消费总量和碳排放总量

	能源消费总量（万吨标准煤）	分品种能源消费比重（%）				碳排放总量（万吨二氧化碳）
		煤炭	石油	天然气	非化石能源	
2005 年	8772.61	87.89	9.89	0.96	1.26	23125.35
2006 年	10092.89	86.9	9.92	1.89	1.29	26490.93
2007 年	11373.67	85.2	9.2	3.1	2.5	29371.48
2008 年	12410.26	84.07	9.93	3.27	2.73	31891.77
2009 年	13401.14	82.69	9.92	3.11	4.28	33893.45
2010 年	14573.57	82.27	9.8	2.98	4.95	36622.75
2011 年	16140.03	82.22	9.94	3.07	4.77	40608.96
2012 年	16912.92	81.33	9.22	3.34	6.11	41955.13
2013 年	17544.17	81.09	8.25	3.33	7.33	43039.30
2014 年	18167.46	81.28	7.54	3.3	7.88	44378.61
2015 年	18783.71	82.79	6.55	2.1	8.56	45897.73
2016 年	19309.66	82.22	6.53	1.83	9.42	46788.14
2017 年	19763.44	79.73	7.07	2.31	10.89	46920.91
2018 年	23068.47	81.3	5.77	2.25	10.68	55097.24
2019 年	25345.57	81.87	5.29	2.09	10.75	60606.15
2020 年	26700	81.62	4.94	2.2	11.24	63510.04

资料来源：能源消费量统计来源于《内蒙古统计年鉴》。

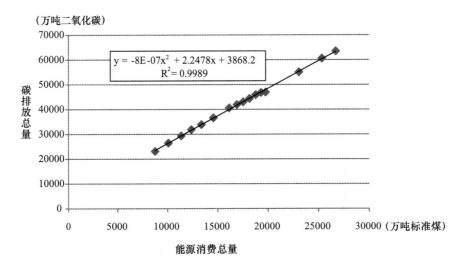

图 2 - 1　2005—2020 年内蒙古能源消费总量和碳排放总量趋势图

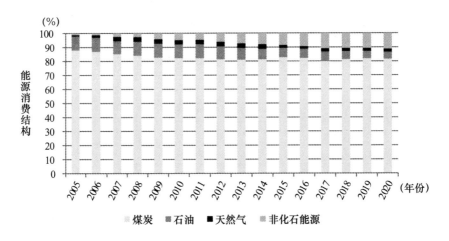

图 2 - 2　2005—2020 年内蒙古各类能源消费所占比重

本部分对内蒙古的碳排放量采用以下公式进行计算：

$$C = \sum_i \frac{E_i}{E} \times \frac{C_i}{C} \times E = \sum_i S_i \times F_i \times E$$

其中，E 为内蒙古一次能源消费总量，F_i 为 i 类能源的碳排放强度，S_i 为 i 类能源在总能源中所占的比重。其中 F_i 的取值见表 2 - 2。

表 2 - 2　　　　2005—2020 年内蒙古分品种各类能源的碳排放系数

（单位：吨碳/吨标准煤）

项目	煤炭	石油	天然气	非化石能源
F_i	0.7476	0.5825	0.4435	0

资料来源：国家发展和改革委员会能源研究所：《中国可持续发展能源暨碳排放情景分析》，2003 年。

根据表 2 - 1 和图 2 - 1 可知，2005—2020 年，内蒙古能源消费总量和由此产生的碳排放量总体均呈上升趋势。其中能源消费量由 2005 年的 8772.61 万吨标准煤上升到 2020 年的 26700 万吨标准煤，年均增长率为 7.7%；碳排放量由 2005 年的 23125.35 万吨二氧化碳上升到 2020 年的 63510.04 万吨二氧化碳，年均增长率为 6.97%，比能源消费量年均增长率低 0.73 个百分点，反映出碳排放系数呈现下降趋势，即能源消费结构进一步得到优化。2020 年内蒙古非化石能源消费比重达到 11.24%，比 2005 年上升了近 10 个百分点，低于 2020 年全国平均水平 4.7 个百分点。从能源消费碳排放系数分析，2020 年内蒙古碳排放系数为 2.379 吨二氧化碳/吨标准煤，超过全国平均水平 13.4%。内蒙古与全国能源消费结构以煤炭为主导的特征类似，不过内蒙古煤炭占能源消费总量的比重更高。2020 年内蒙古煤炭消费比重为 81.62%，超出全国平均水平 24.82 个百分点；内蒙古石油和天然气消费比重均低于全国平均水平，分别比全国平均水平低 14 个百分点和 6 个百分点。

内蒙古 2005—2020 年各类能源产生的碳排放量构成数据见表 2 - 3 和图 2 - 4。根据表 2 - 3 和图 2 - 4 可知，煤炭消费产生的碳排放为内蒙古碳排放的主要排放源，这由内蒙古富煤、贫油、少气的能源结构现状所决定。与各类能源消费占总能源消费比重类似，2005—2020 年，煤炭消费产生碳排放占比总体呈上升趋势，煤炭消费产生碳排放比重由 2005 年的 91.39% 上升

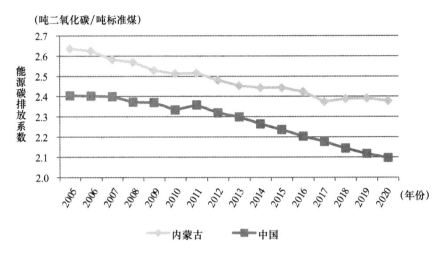

图 2-3　2005—2020 年内蒙古能源消费碳排放系数
变化趋势及与全国平均水平比较

至 2020 年的 94.06%；石油消费产生碳排放占比总体呈下降趋势；天然气消费占比较小，占碳排放总量的比重不足 3%，2020年仅为 1.5%。

表 2-3　　2005—2020 年内蒙古各类能源产生的碳排放量所占比重

	煤炭		石油		天然气	
	碳排放量 （万吨二氧 化碳）	比重 （%）	碳排放量 （万吨二氧 化碳）	比重 （%）	碳排放量 （万吨二氧 化碳）	比重 （%）
2005 年	21135	91.39	1853	8.01	137	0.59
2006 年	24042	90.76	2138	8.07	310	1.17
2007 年	26563	90.44	2235	7.61	573	1.95
2008 年	28600	89.68	2632	8.25	660	2.07
2009 年	30376	89.62	2839	8.38	678	2.00
2010 年	32866	89.74	3050	8.33	706	1.93
2011 年	36377	89.58	3427	8.44	806	1.98
2012 年	37706	89.87	3331	7.94	919	2.19
2013 年	38998	90.61	3091	7.18	950	2.21

	煤炭		石油		天然气	
	碳排放量（万吨二氧化碳）	比重（%）	碳排放量（万吨二氧化碳）	比重（%）	碳排放量（万吨二氧化碳）	比重（%）
2014 年	40478	91.21	2926	6.59	975	2.20
2015 年	42628	92.88	2628	5.73	641	1.40
2016 年	43520	93.02	2693	5.76	575	1.23
2017 年	43194	92.06	2984	6.36	742	1.58
2018 年	51410	93.31	2843	5.16	844	1.53
2019 年	56881	93.85	2864	4.73	861	1.42
2020 年	59738	94.06	2817	4.44	955	1.50

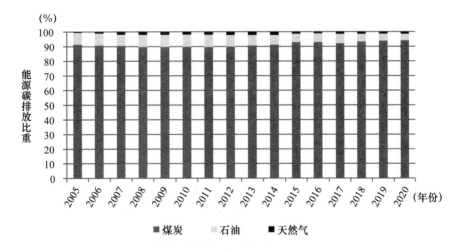

图 2 - 4　2005—2020 年内蒙古各类能源产生的碳排放量构成

煤炭属于高碳能源，平均碳排放系数在各类能源品种中最高，约为 2.7412 吨二氧化碳/吨标准煤，超出石油和天然气分别约 28% 和 68%；非化石能源属于零碳能源，碳排放系数为零。因此，优化能源结构，提升低碳能源和非化石能源比重，发挥二氧化碳等温室气体与主要污染物减排的协同效应，是内蒙古将来能源发展的重要方向。

内蒙古作为国家综合能源供应基地，能源生产消费比率保持在 200% 以上，其中 2011 年能源产消率为 360% ，达到峰值。因此，只能依靠自身能源资源条件来满足未来的能源供应。通过对全国的煤炭、石油、天然气和水资源的预测和评价，2020年底，我国煤炭、石油、天然气查明基础储量分别为 1622.88亿吨、36.19 亿吨和 62665.78 亿立方米；煤炭储量是三大化石能源的主体，比重约占 90% 。内蒙古作为国家最大的煤炭基地，典型性则更为明显。

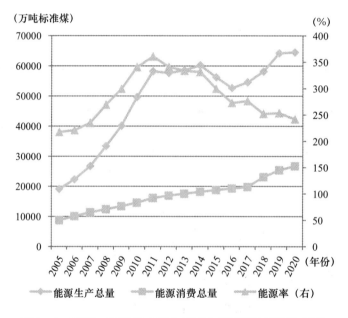

图 2 - 5　2005—2020 年内蒙古能源生产消费比率变化趋势

随着市场配置资源作用的加强以及生态文明建设要求的不断提高，居民生活用能和城市地区的能源消费结构的优质化程度越来越明显。能源结构优质化可以促进未来能源效率水平不断提高，减缓能源相关的温室气体排放速度，但要解决优质能源稳定安全供应问题。提高石油、天然气等能源碳排放系数较低的能源消费比例，不仅可以提高能源效率，还可以带来显著的环境效益。

（二）各次产业能源消费量和碳排放量

根据全国第四次经济普查结果，内蒙古对 2005—2018 年以后的能源生产和消费总量与比重进行了调整。2005—2011 年，内蒙古能源生产总量持续增长，年均增长率超过 20%；2012 年能源生产总量略有下降；但 2013—2014 年仍呈持续增长态势，2014 年内蒙古能源生产总量首次突破 6 亿吨标准煤，占全国能源生产总量比重达到峰值，为 16.62%。由于内蒙古未发布 2017—2020 年分行业能源消费比重和主要能源品种消费数据，本书从 2014—2016 年分行业能源消费比重和主要能源品种消费比重开展分析。分析可以看出内蒙古工业是能源消费的主体，工业占能源消费比重超过 70%。其中制造业又是工业能源消费的主体，2016 年制造业占工业部门能源消费总量的 83.1%。在制造业中，化学原料和化学制品制造业、黑色金属冶炼和压延加工业、有色金属冶炼和压延加工业三个工业部门占制造业能源消费的比重超过 80%，分别为 38.3%、24.1%、17.9%，也进一步说明重化工业是内蒙古能源消费的主体。内蒙古 2014—2016 年分行业能源消费比重和主要能源品种消费比重见表 2-4 至表 2-6。

表 2-4　2014 年内蒙古分行业能源消费比重和主要能源品种消费比重

（单位：%）

	农、林、牧、渔业	工业	建筑业	交通运输、仓储及邮电通信业	批发、零售业和住宿、餐饮业	其他	生活消费
能源消费总量	2.96	70.86	1.95	6.33	4.85	5.06	8.00
煤炭消费量	1.38	90.57	0.53	1.74	2.71	2.19	0.87

续表

	农、林、牧、渔业	工业	建筑业	交通运输、仓储及邮电通信业	批发、零售业和住宿、餐饮业	其他	生活消费
焦炭消费量	0	100	0	0	0	0	0
原油消费量	0	100	0	0	0	0	0
汽油消费量	2.36	5.38	3.15	46.84	2.49	17.80	21.98
煤油消费量	0	0.81	0	99.19	0	0	0
柴油消费量	10.52	21.91	3.20	44.26	1.68	10.42	8.01
燃料油消费量	0	98.78	0	1.22	0	0	0
天然气消费量	0	68.21	0	10.21	8.77	6.79	6.02
电力消费量	1.61	88.56	0.46	0.96	1.71	1.71	4.99

表 2-5 2015 年内蒙古分行业能源消费比重和主要能源品种消费比重

（单位:%）

	农、林、牧、渔业	工业	建筑业	交通运输、仓储及邮电通信业	批发、零售业和住宿、餐饮业	其他	生活消费
能源消费总量	2.97	72.54	1.60	6.23	4.24	4.32	8.12
煤炭消费量	1.37	91.55	0.39	1.97	2.23	1.64	0.85
焦炭消费量	0	100	0	0	0	0	0
原油消费量	0	100	0	0	0	0	0
汽油消费量	2.35	4.46	2.61	50.80	2.60	16.60	20.58
煤油消费量	0	0.74	0	99.26	0.00	0.00	0.00
柴油消费量	13.86	22.89	3.71	39.60	1.49	8.80	9.66
燃料油消费量	0	99.53	0	0.47	0.00	0.00	0.00
天然气消费量	0	60.11	0	12.96	11.15	8.62	7.16
电力消费量	1.63	88.31	0.39	0.91	1.79	1.94	5.04

表 2-6　2016 年内蒙古分行业能源消费比重和主要能源品种消费比重

（单位:%）

	农、林、牧、渔业	工业	建筑业	交通运输、仓储及邮电通信业	批发、零售业和住宿、餐饮业	其他	生活消费
能源消费总量	2.91	74.73	1.89	4.70	3.52	3.64	8.62
煤炭消费量	1.34	93.78	0.47	0.81	1.73	1.08	0.79
焦炭消费量	0	100	0	0	0	0	0
原油消费量	0	100	0	0	0	0	0
汽油消费量	2.25	3.81	2.57	50.59	2.55	16.94	21.28
煤油消费量	0	0.54	0	99.46	0	0	0
柴油消费量	13.93	23.28	4.19	34.85	1.67	10.00	12.08
燃料油消费量	0	99.05	0	0.95	0	0	0
天然气消费量	0	69.03	0	13.34	2.29	1.96	13.38
电力消费量	1.61	87.77	0.42	0.95	1.89	2.06	5.32

2016 年，内蒙古能源消费总量为 19457.05 万吨标准煤，其中煤炭，石油，天然气，水电、风电、太阳能和其他可再生能源消费比重分别为 82.36%、6.48%、1.81%、9.35%。除了煤炭消费居于主导地位之外，水电、风电、太阳能和其他可再生能源，即非化石能源（或称"零碳能源"）消费比重超过石油和天然气消费比重之和。从内蒙古分电源种类发电量分析，内蒙古作重要的国家级能源供应基地，火电发电量比重超过 85%；"十二五"时期以来，内蒙古风电等可再生能源得到较快发展；2016 年全区可再生能源发电比重接近 15%（见表 2-7）。能源消费结构是决定能源碳排放系数的基础，高碳的能源消费结构使得内蒙古工业部门无论是能源消费总量还是碳排放总量，均在全区居于主导地位，工业部门占全社会碳排放比重超过 80%，特别是重化工业部门这一特征表现得更为突出，其余部门比重则均在 6% 以下。从分行业能源碳排放比重分析，内蒙古 2016 年分行业能源消费碳排放比重见图 2-6。

表 2 - 7   2010—2016 年内蒙古分电源种类发电量   （单位：亿千瓦时,%）

		火电	风电	太阳能	水电	合计
2010 年	发电量	2226.55	—	—	16.29	2489
	比重	89.46	—	—	0.65	100
2011 年	发电量	2639	—	—	12.21	2973
	比重	88.77	—	—	0.41	100
2012 年	发电量	2845.29	—	—	17.66	3172
	比重	89.70	—	—	0.56	100
2013 年	发电量	3167.64	372.84	—	19.74	3567
	比重	88.80	10.45	—	0.55	100
2014 年	发电量	3522.75	389.92	—	37.49	3977
	比重	88.58	9.80	0.00	0.94	100
2015 年	发电量	3427.49	407.88	56.99	36.42	3929
	比重	87.24	10.38	1.45	0.93	100
2016 年	发电量	3374.88	464.18	83.26	27.48	3950
	比重	85.44	11.75	2.11	0.70	100

注："—"为无数据。

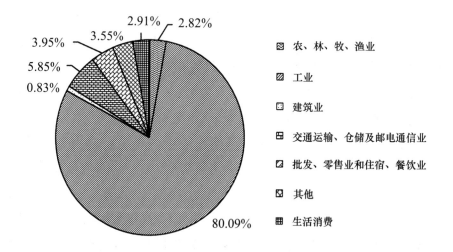

图 2 - 6   2016 年内蒙古分行业能源消费碳排放比重

（三）重点企业碳排放水平

经初步统计，内蒙古共有温室气体排放重点企业 300 余家，分布在全区 12 个盟市，进行重点企业碳排放水平分析对掌握全区碳排放情况有着一定的意义。2016 年内蒙古重点企业按国民经济行业分类碳排放水平如表 2 - 8 和图 2 - 7 所示。

表 2 - 8   2016 年内蒙古重点企业按国民经济行业分类碳排放水平

（单位：万吨二氧化碳）

国民经济行业	排放量
采矿业（B）	358.29
制造业（C）	25023.31
电力、热力、燃气及水生产和供应业（D）	27059.12
交通运输、仓储和邮政业（G）	18.79

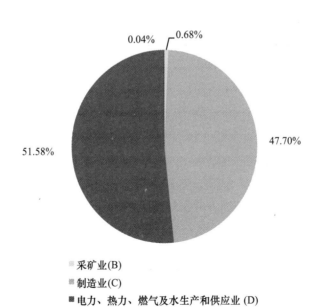

图 2 - 7   2016 年内蒙古重点企业按国民经济行业分类碳排放水平占比

　　由此可见，2016 年内蒙古重点企业中，制造业与电力、热力、燃气及水生产和供应业碳排放量分别高达 25023.31 万吨二氧化碳和 27059.12 万吨二氧化碳，占比分别为 47.70%与 51.58%，对内蒙古重点企业碳排放起着决定性作用，这与内蒙古火电输出基地的定位和以工业为主的发展阶段有着密切的关系。随着产业结构的不断优化，风力发电、太阳能发电等技术的不断成熟，内蒙古重点企业的碳排放量结构有望改变。持续推进可再生资源的利用是今后发展的必然要求，也是不断改善环境的必然选择。

　　2016 年内蒙古重点企业按区域分类碳排放水平如表 2－9 和图 2－8 所示。

表 2－9　　　　　2016 年内蒙古重点企业按区域分类碳排放水平

（单位：万吨二氧化碳）

	排放量
呼和浩特市	5216.48
包头市	8181.76
乌海市	937.00
赤峰市	3266.07
通辽市	4722.56
鄂尔多斯市	14484.91
呼伦贝尔市	4411.36
巴彦淖尔市	1290.34
乌兰察布市	4875.86
兴安盟	713.75
锡林郭勒盟	3332.50
阿拉善盟	1311.06

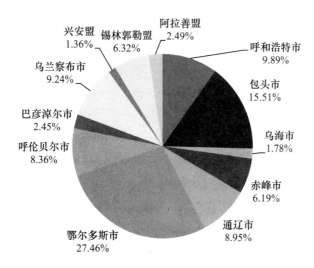

图 2-8 2016 年内蒙古重点企业按区域分类碳排放水平占比

由此可见，2016 年各盟市重点企业碳排放量具有明显的差别，鄂尔多斯市、包头市、呼和浩特市重点企业碳排放量位居内蒙古前三位，分别达到 14484.91 万吨二氧化碳、8181.76 万吨二氧化碳和 5216.48 万吨二氧化碳，兴安盟重点企业碳排放量最少，为 713.75 万吨二氧化碳，其中鄂尔多斯市重点企业碳排放量占全自治区重点企业碳排放量的比重为 27.46%，同时鄂尔多斯市也是全自治区唯一一个重点企业碳排放量超过 10000 万吨二氧化碳的盟市。鄂尔多斯市重点企业的高碳排放量是当地能源结构、产业布局所致，鄂尔多斯市拥有丰富的煤炭资源，这就为当地大力发展火力发电、煤化工等行业创造了良好的条件。上述研究已对 2016 年内蒙古重点企业碳排放水平按照国民经济行业进行了分析，电力、热力、燃气及水生产和供应业产生的碳排放量高居首位，这也从一方面解释了鄂尔多斯市重点企业产生高碳排放量的原因。

（四） 单位 GDP 能源消费和碳排放水平

内蒙古 2013—2016 年单位 GDP 能耗和据此核算的单位 GDP 碳排放量数据见表 2 - 10。如表 2 - 10 所示，内蒙古 2013—2016 年单位 GDP 能耗和单位 GDP 碳排放总体均呈下降趋势，其中单位 GDP 能耗由 2013 年的 1.09 吨标准煤/万元降至 2016 年的 1.063 吨标准煤/万元；单位 GDP 碳排放由 2013 年的 2.683 吨二氧化碳/万元降至 2016 年的 2.578 吨二氧化碳/万元，单位能源和碳排放经济生产力水平呈上升态势。内蒙古无论是单位 GDP 能耗，还是单位 GDP 碳排放，均远高于全国平均水平，2016 年全国单位 GDP 能耗为 0.677 吨标准煤/万元与 1.486 吨二氧化碳/万元，内蒙古两项指标分别为国家的 1.6 倍与 1.74 倍。

表 2 - 10   2013—2016 年内蒙古单位 GDP 能耗和单位 GDP 碳排放量

	GDP（亿元）	能源消费总量（万吨标准煤）	单位 GDP 能耗（吨标准煤/万元）	碳排放总量（万吨二氧化碳）	单位 GDP 碳排放（吨二氧化碳/万元）
2013 年	16220.51	17681.37	1.090	43513.27	2.683
2014 年	17485.71	18309.06	1.047	44919.08	2.569
2015 年	17538.17	18927.07	1.079	46292.66	2.640
2016 年	18309.85	19457.05	1.063	47193.05	2.578

注：GDP 根据 2010 年价格核算，2015 年和 2016 年增长率数据进行了调整。

（五） 人均能源消费和碳排放水平

内蒙古 2013—2016 年人均能耗和据此核算的人均碳排放量数据见表 2 - 11。如表 2 - 11 所示，内蒙古 2013—2016 年人均能耗和人均碳排放总体均呈上升趋势，其中人均能耗由 2013 年的 7.08 吨标准煤/人升至 2016 年的 7.72 吨标准煤/人；人均碳排放由 2013 年的 17.42 吨二氧化碳/人升至 2016 年的 18.73 吨二氧化碳/人，人均能耗和人均碳排放的增加与内蒙古的经济发展、人民生活水平不断提高有着必然的关系。从人均碳排放分析，2016 年内蒙古人均碳排放 18.73 吨二氧化碳/人，是全国平均水平 6.92 吨二氧化碳/人的 2.7 倍，人均碳排放水平显著高于全国。

表 2-11　　　　2013—2016 年内蒙古人均能耗和人均碳排放量

	人口数（万人）	能源消费总量（万吨二氧化碳）	人均能耗（吨标准煤/人）	碳排放总量（万吨二氧化碳）	人均碳排放（吨二氧化碳/人）
2013 年	2497.6	17681.37	7.08	43513.27	17.42
2014 年	2504.8	18309.06	7.31	44919.08	17.93
2015 年	2511	18927.07	7.54	46292.66	18.44
2016 年	2520.1	19457.05	7.72	47193.05	18.73

资料来源：《内蒙古统计年鉴》。

综上所述，随着内蒙古经济社会的不断发展，能源消费总量和由此产生的碳排放量不断增加，煤炭资源仍是全区的能源消费大户。第二产业能源消费和由此产生的碳排放仍然占据全区的主导地位，特别是规模以上工业企业在一段时间内能源消费和能源消费产生的碳排放一直居高不下。近年来，虽然单位 GDP 能耗和单位 GDP 碳排放量有所下降，但能源消费和碳排放持续增长的态势依然存在。因此，在掌握内蒙古能源消费和碳排放现状的情况下，进一步研究内蒙古日后一段时间内能源消费和碳排放的发展趋势，找出主要的影响因素将有着重要的意义。

三 内蒙古碳排放峰值预测

（一） 内蒙古二氧化碳排放达峰的驱动因素分析

对中国二氧化碳排放驱动因素进行研究最早可以追溯到 Shresha 和 Timilsina，他们运用对数平均迪氏分解法对亚洲 12 国电力行业二氧化碳排放强度的变化进行研究，但对中国的分析不是非常深入。随后，王灿等采用 1957—2000 年的长时间序列，对中国二氧化碳排放总量的变化进行了分解研究，结果表明能源强度变化是减少二氧化碳排放的最重要的驱动因素，而能源消费结构的变化起一定的抑制作用，经济总量的增加则导致二氧化碳排放量的增加，且增加的量要远远大于技术变化和结构变化带来的减排的量。[1] 徐国泉等采用 Johan 构建的计算碳排放总量的基本等式，采用对数平均迪氏分解法，定量分析了 1995—2004 年经济规模、能源消费结构和技术效率对中国人均碳排放的影响，发现经济发展对中国人均碳排放的贡献率呈现指数型增长，而能源结构和能源效率对抑制中国人均碳排放的贡献率都呈倒 "U" 形结构。[2]

---

[1] Wang Can, Chen Jining, Zou Ji, "Decomposition of Energy – Related CO_2 Emission in China: 1957 – 2000", *Energy*, No. 30, 2005, pp. 73 – 83.

[2] 徐国泉、刘则渊、姜照华：《中国碳排放的因素分解模型及实证分析：1995—2004》，《中国人口·资源与环境》2006 年第 6 期。

其他主要的研究：吴立波基于中国各省的数据，利用"三层完全分解"方法，分析了 1985—1999 年中国一次能源利用导致的二氧化碳排放量的变化及其驱动因素；[①] 范英等采用自适应权重分解法（Adaptive Weighting Division，AWD）分析了 1980—2003 年我国二氧化碳排放强度的驱动因素；[②] Ma 和 Stern 分析了生物质能的消费比重对二氧化碳减排的积极影响；Schipper 等根据 IEA 数据，分析了 13 个 OECD 国家的 9 个制造业部门的相关数据，对二氧化碳排放强度进行了分解分析；胡初枝根据 1990—2005 年的时间序列，对我国六大部门能源消费的碳排放量进行了因素分解研究；[③] 刘红光则基于投入产出表，采用结构分解的方法分析了我国工业源二氧化碳碳排放的驱动因素。[④] 上述文献从不同的角度用不同的方法分析了二氧化碳排放的驱动因素，得出的结论各异。为深入分析碳排放量年际变化的驱动因素作用机理打下了基础，对于研究经济活动对二氧化碳变化的影响有积极的意义。

1. 二氧化碳排放影响驱动因素研究方法学

近年来，分解分析法多运用于二氧化碳排放驱动影响因素分析中。其中，对数平均迪氏分解法由于分解因素可逆、分解

①　Wu Libo, Kaneko Shinji, Matsuoka Shunji, "Driving Forces Behind the Stagnancy of China's Energy-Related CO$_2$ Emissions from 1996 to 1999: the Relative Importance of Structural Change, Intensity Change and Scale Change", *Energy Policy*, No. 33, 2005, pp. 319 – 335.

②　Fan Ying et al., "Changes in Carbon Intensity in China: Empirical Findings from 1980 to 2003", *Ecological Economics*, No. 62, 2007, pp. 683 – 691.

③　胡初枝等：《中国碳排放特征及其动态演进分析》，《中国人口·资源与环境》2008 年第 3 期。

④　刘红光、刘卫东：《中国工业燃烧能源导致碳排放的因素分解》，《地理科学进展》2009 年第 2 期。

残差项为 0、结果易于解释等优点得到广泛应用。因此本研究选用 LMDI 方法分析内蒙古一次能源消费碳排放驱动因素。

研究分解模型基于 Johan 构建的碳排放量的基本分解公式：

$$C = \sum_i c_i = \sum_i \frac{E_i}{E} \frac{C_i}{E_i} \frac{E}{Q} \frac{Q}{P} P \tag{1}$$

其中，C 为二氧化碳排放量，E_i 为 i 种能源的消费总量，E 为总的能源消费量，C_i 为 i 种能源的二氧化碳排放量，Q 为当年的 GDP 产值，P 为当年的人口总数。E_i/E 表示第 i 种能源占总的能源消费中的比例，称之为能源消费结构因素；C_i/E_i 表示第 i 种能源的碳排放系数，称为能源排放系数因素；E/Q 表示单位 GDP 消耗的能源量，称为能源效率因素；Q/P 表示人均产出，称为经济发展因素。

由（1）式得：

$$A = \frac{C}{P} = \frac{\sum_i C_i}{P} = \sum_i \frac{E_i}{E} \frac{C_i}{E_i} \frac{E}{Q} \frac{Q}{P} = \sum_i S_i F_i I D \tag{2}$$

其中，A 表示人均碳排放量。根据式（2），人均二氧化碳排放量由能源消费结构效应 S_i、能源排放系数效应 F_i、能源效率因素 I、经济发展因素 D 四个因素驱动。由于分解需要跨期，定义 A_0 为基期的人均碳排放量，A_t 为第 t 期的人均碳排放量。第 t 期相对于 0 期的人均碳排放量可以表示为：

$$\Delta A = A^t - A^0 = \sum_i S_i^{\,t} F_i^{\,t} I^t D^t - \sum_i S_i^{\,0} F_i^{\,0} I^0 D^0$$

$$= \Delta A_{str} + \Delta A_{fac} + \Delta A_{int} + \Delta A_{act} \tag{3}$$

Δ_{Astr}、ΔA_{fac}、ΔA_{int}、ΔA_{act} 分别表示各因素对人均碳排放量变化的贡献量。由于能源排放因子因素 F_i 基本不会变化，其对人均碳排放量的影响为 0，因此根据 LMDI 分解方法，各个因素的分解结果为：

$$\Delta A_{str} = \sum_i \frac{A_i^T - A_i^0}{\ln A_i^T - \ln A_i^0} \ln(\frac{S^T}{S^0}) \tag{4}$$

$$\Delta A_{\text{int}} = \sum_i \frac{A_i^T - A_i^0}{\ln A_i^T - \ln A_i^0} \ln\left(\frac{I^T}{I^0}\right) \qquad (5)$$

$$\Delta A_{act} = \sum_i \frac{A_i^T - E_i^0}{\ln A_i^T - \ln A_i^0} \ln\left(\frac{D^T}{D^0}\right) \qquad (6)$$

公式（4）、公式（5）、公式（6）分别为能源结构效应、能源效率效应和经济发展效应的计算公式。

2. 内蒙古二氧化碳排放驱动因素分析结果

为了分析内蒙古碳排放的驱动因素，本研究选取的内蒙古GDP数据、人口数据和能源消费数据来源于《新中国六十年统计资料汇编》及《中国统计年鉴》，研究选取的时间序列为2002—2015年，研究假设每种能源消费的碳排放系数不变。由于不同能源的排放强度相对固定，因此，研究主要考虑经济发展、能源强度和能源结构对内蒙古二氧化碳排放的影响，依据公式（4）、公式（5）、公式（6），运用LMDI分解方法计算得到结果如表3-1。

表3-1 2002—2012年二氧化碳排放驱动因素分解结果　　　（单位：吨/人）

	规模效应	技术效应	结构效应	人均碳排放
2014—2015 年	0.32854	− 0.23894	− 0.09483	0.13564
2013—2014 年	0.23132	− 0.03721	− 0.12346	0.13624
2012—2013 年	− 0.123455	− 0.45683	− 0.90325	− 1.5524
2011—2012 年	0.475487	− 0.22699	− 0.0072	0.2413
2010—2011 年	0.722869	− 0.10781	− 0.07069	0.544361
2009—2010 年	0.560724	− 0.19754	0.342715	0.705897
2008—2009 年	1.055335	− 0.78958	− 0.12992	0.13583
2007—2008 年	0.70057	− 0.25172	− 0.00063	0.448221
2006—2007 年	0.578297	− 0.07723	0.036198	0.537262
2005—2006 年	0.584037	− 0.02122	− 0.07326	0.489552
2004—2005 年	0.578492	0.048928	− 0.10151	0.525913
2003—2004 年	0.389125	0.20019	− 0.0078	0.581512
2002—2003 年	0.317503	0.105783	0.031556	0.454842
合计	5.96	− 1.32	0.02	4.66

3. 内蒙古二氧化碳排放峰值驱动因素

利用 LMDI 方法将内蒙古二氧化碳排放的驱动因素进行分解，可以发现内蒙古二氧化碳排放的影响因素分为经济发展的规模效应、能源效率因素和能源结构因素。因为 LMDI 方法实证的结果是分析内蒙古的人均碳排放因素，如果考虑综合的碳排放总量，还包括人口因素。

（1）经济发展因素

众所周知，2002 年以来，内蒙古经济增速连续 8 年均保持全国第一的增速水平，2006—2010 年的年均增长更是达到了创纪录的 18%，特别是 2010 年人均 GDP 达到 4.72 万元，位列全国第七名，工业对经济增长的贡献率达到 54%，城市化率达到 53%。内蒙古经济的飞速发展得益于拥有丰富的矿产资源，特别是煤炭等能源矿产。经济发展是内蒙古二氧化碳排放量增长贡献最大的因素。

（2）能源效率因素

从计算结果来看，"十一五"时期，能源强度因素对内蒙古碳排放是增碳因素。虽然总体能源强度下降，但是从具体能源类型来看，内蒙古工业的发展属于粗放型开发和利用，导致工业的能源强度在"十一五"时期不降反升，为了换取更多的 GDP，工业的碳排放强度增加。由于工业消耗的能源总量最大，在 85% 左右，所以能源强度的增加带来了碳排放量的增加。"十二五"时期随着产业结构的调整力度加大，特别是工业产业，一些粗放发展的工业企业被去产能或者淘汰，能源强度开始出现大幅下降的总趋势，使得在此期间能源强度对碳排放呈现减碳的效应，减少了 6860 万吨二氧化碳的碳排放。从 2006—2015 年来看，能源强度整体体现出了减碳效应，但是不是很明显，主要是"十一五"时期粗放式的工业发展导致，因此下一步必须提高工业的发展质量，提高能源的综合利用程度，降低碳排放强度，实现健康可持续的工业发展。

（3）能源结构因素

根据模型计算结果，内蒙古能源消费结构因素是内蒙古二氧化碳减排贡献最大的因素。"十一五"时期能源消费结构变化对二氧化碳减排的贡献为 2.88 亿吨二氧化碳，"十二五"时期为 5456 万吨二氧化碳，2006—2015 年总体为 3.96 亿吨二氧化碳。

（4）人口因素

人口数量的增长是引发二氧化碳排放量增加的另一个重要因素。2006—2015 年，内蒙古人口增长较为平稳，2000—2010 年人口规模呈现缓慢平稳增长趋势，年均增幅为 4.7‰；"十一五"时期，总人口增加约 75 万人，年均增幅 6.2‰；"十二五"时期增幅降低，总人口增加仅 30 万人，年均增幅也仅为 3.1‰。人口规模因素对内蒙古碳排放量的贡献率始终稳定在 2%—5%。尽管国家生育政策发生变化，"三孩政策"落地，加之少数民族生育政策的优惠都会对未来内蒙古的人口数量产生影响；但是从数据分析来看，内蒙古人口数量发生剧烈变化的可能性较小，因而在进行内蒙古二氧化碳减排政策分析时，人口规模因素可以不作为重点考虑。

（二）内蒙古二氧化碳排放达峰的方法学和情景分析

1. 二氧化碳排放达峰的方法学介绍

目前，国内外学术界对区域二氧化碳排放峰值预测方面的研究主要集中在运用 STIRPAT 模型、IPAT 模型、IAMC 模型、LEAP 模型、IO-SDA 模型、EKC 曲线方面，根据各类能源消耗总量计算碳排放量，进而预测碳排放峰值。根据前述碳排放因素分解情况，拟采用最常用的 STIRPAT 模型对内蒙古的碳排放峰值进行预测。

　　用 STIRPAT 模型做研究最早可以追溯至 20 世纪 70 年代。1971 年，Ehrlich 和 Holdren 在讨论人类活动对环境的影响的分析中第一次提出 IPAT 方程：I = PAT。并根据 IPAT 方程来分析测算人口变化、富裕程度和技术条件变化对环境的影响。由于当时提出的 IPAT 模型中各因素的系数为单位弹性，不能很好地反应不同因素对环境影响的贡献程度；随后在 1994 年，Dietz 和 Rosa 放弃 IPAT 方程的单位弹性，改为随机形式的 IPAT 模型：$I = \alpha P^{\beta} A^{\gamma} T^{\delta}$。其中，$I$ 表示人类活动对环境的影响，P 表示人口规模，A 表示人均产出，T 表示技术效率，并命名为可拓展的随机性的环境影响评估模型（Stochastic Impacts by Regression on Population，Affluence，and Technology，STIRPAT）。

　　在使用面板数据进行实证研究时，可将方程对数化，STIRPAT 模型的基本分析框架为：

$$\ln I_{it} = a + b\ln P_{it} + c\ln A_{it} + d\ln T_{it} + \mu_{it} \qquad (7)$$

　　其中，下标 i 和 t 分别表示个体和时间；方程左边的 I 表示环境影响，方程右边的自变量 P 表示人口因素，包括人口总量和人均量的影响，A 表示富裕度的影响，T 表示技术水平的影响。b、c、d 分别为三个自变量的可变系数，a 和 μ 是常数项和随机误差项。由于公式（7）均为对数形式，所以系数估计值可直接视为其弹性。

　　参考 STIRPAT 模型的框架，结合前文 LMDI 分析结果，发现内蒙古碳排放驱动因素包括经济发展规模效应、人口总量效应、能源效率效应和能源结构效应。结合内蒙古发展实际情况，城镇化和工业化对碳排放有积极的影响。综合考虑，将公式（7）扩展为：

$$\ln I_{it} = a + b\ln P_{it} + c\ln A_{it} + d\ln T_{it} + e\ln S_{it} + e\ln U_{it} + e\ln Is_{it} + \mu_{it}$$

$$(8)$$

　　预测时，针对人口、经济发展、技术水平、能源消费结构、产业结构、城市化进程进行不同情景设置，以预测各年的二氧化碳排放总量，以此判断内蒙古碳排放峰值出现的时间与峰值量。

2. 内蒙古二氧化碳排放的情景构建

根据内蒙古当前经济社会发展情况和能源生产、消费及未来趋势，假定内蒙古社会经济发展方案为中速、高速两个模式：中速模式假定各变量变化速度适中，高速发展模式的各变量的变化速度较很快。这两个方案延伸设定出高中速模式、中高速模式。

根据对内蒙古碳排放达峰驱动因素的 LMDI 分解分析情况，结合各个增碳与减碳因素对碳排放量的影响，借鉴国际上不同发展阶段国家在经济社会发展中的规律和内蒙古以及我国未来的经济发展政策、能源政策、产业政策等，在设定这 4 种模式时，将人口规模、人均 GDP、城市化率、能源消费结构（非化石能源占比）、能源效率、产业结构（第二产业占比）这 6 个变量分为两组，以使设置的情景更符合实际。现实中，人口的增加、人均 GDP 的提高以及城市化率的提高均促进了碳排放量的提高；而能源效率的提高、能源消费结构的合理化（非化石能源占比的提高）以及产业结构调整（第二产业占比降低）均带来了碳排放量的减少。据此，将人口、人均 GDP 和城市化率分为一组将能源强度、非化石能源占比和第二产业占比分为一组。通过情景分析设置，预测未来内蒙古经济社会发展不同模式下的碳排放峰值及峰值年。具体情景模式设定如表 3 - 3 所示。

表 3 - 3　　　　　　　　　　情景模式设定说明

	人口	人均 GDP	城镇化	能源效率	能源结构	工业化率
中速模式	中速	中速	中速	中速	中速	中速
高速模式	高速	高速	高速	高速	高速	高速
高中速模式	高速	高速	高速	中速	中速	中速
中高速模式	中速	中速	中速	高速	高速	高速

4 种情景模式的设定是 6 个变量的中速、高速发展的组合，如表 3 - 3 所示。因此在设定情景模式的各变量的目标时，直接对每一个变量的中速、高速模式下的目标进行设定，然后按照表 3 - 3 进行 4 种情景的总体设置。另外，考虑到数据的可得性、准确性以及预测数据的价值，预测年份到 2050 年，暂不做更长年份的预测。

（1）人口

联合国 2009 年在《世界人口展望—2010 修订版》中对我国的人口进行预测，认为我国人口将于 21 世纪 30 年代达到峰值，进入 21 世纪 40 年代后人口逐步开始负增长。因此，在情景模式设置中对人口数量这个因素变化设置：内蒙古人口自然增长率将随着时间的推移一步步降低。

因此，基于上述判断，研究认为，内蒙古人口发展的设定：内蒙古中速模式下的人口增长将于 21 世纪 30 年代达到峰值，进入 40 年代后人口逐步开始负增长；高速模式则假定人口在 2050 年内不会出现负增长，但人口增长率逐步下降。

（2）人均 GDP

2015 年内蒙古 GDP 为 1.78 万亿元，内蒙古第二产业占比为 50.48%，城市化率为 60.3%，处于工业化发展的中后期水平。可以预见，随着经济的快速发展，内蒙古人均 GDP 增长水平将不断提高。

根据国际及我国人均 GDP 的变化趋势，结合内蒙古"十三五"规划，可以确定中速模式下内蒙古 2050 年的人均 GDP 约为 40000 美元，达到中等发达国家的水平；高速模式则假定 2050 年人均 GDP 约 52000 美元，接近目前发达国家水平。

（3）城镇化

我国及内蒙古农村人口比重较高。虽然内蒙古不断推进城市化进程，且目前城市化率超过国家平均水平，但是内蒙古城市化率还有进一步提升的空间。因此，中速模式下内蒙古城市化率在 2030 年达到 75%，2050 年达到 80%；高速模式下内蒙古城市化率在 2025 年达到 70%。

（4）能源效率

能源效率设定的基本判断：随着时间的推移能源效率提高，但能源效率的提高速度逐步降低。中速模式假定至 2030 年内蒙古能源效率较 2005 年提高 60%，高速模式则假定至 2030 年内蒙古能源效率较 2005 年提高 70%。

（5）能源消费结构

2015 年内蒙古非化石能源（天然气、水电、核能及其他）消费的比例为 10.58%。国家"十三五"规划纲要提出，到 2020 年非化石能源占一次能源消费比重达到 15% 左右，实际完成比重为 15.9%，超额完成设定目标。假定中速模式下 2030 年内蒙古非化石能源消耗占比为 20%；高速模式下 2025 年内蒙古非化石能源占比为 20%。

（6）工业化率

在本模型中，我们用第二产业占比来看工业化程度对内蒙古二氧化碳排放量的影响。目前，内蒙古的第二产业占 GDP 的比重是 50.8%。由此，中速模式假定内蒙古第二产业占比在 2030 年达到 35%，高速模式假定内蒙古第二产业占比在 2025 年达到 35%。

（三）内蒙古二氧化碳排放峰值预测

结合基准情景、低碳情景等 4 种情景模式的目标设定与情景描述分别对人口、人均 GDP、城市化率、第二产业占比、非化石能源占比和碳排放强度 6 个变量，运用 STIRPAT 模型进行内蒙古碳排放峰值的偏最小二乘回归分析，并结合回归模型进行预测，最后对结果进行综合分析和对比分析。

1. 回归模型的估计

对上述 7 个自变量与因变量取对数，并进行两两相关性分析，得到变量间相关系数如表 3 - 4 所示。其中，x_1 到 x_6、y 分别表示对数化后的自变量和因变量。

表 3 - 4　　　　　　　　　　变量间的相关系数

x_1	x_2	x_3	x_4	x_5	x_6	y
x_2	1	0.903	0.928	0.822	- 0.783	0.765
x_3		1	0.901	0.823	- 0.893	0.605
x_4			1	0.938	0.886	0.783
x_5				1	0.984	0.923
x_6					1	0.911
y						1

可见，各变量之间存在明显的多重共线关系。为了消除多重共线性的影响，提高模型参数精度和稳定性，应用偏最小二乘回归方法进行碳排放预测。偏最小二乘回归是 1983 年 S. Wold 和 C. Albano 等首次提出的，由于其将多元线性回归分析、主成分分析和典型相关分析有机结合起来，具有普通最小二乘回归无法比拟的优点，被称为第二代回归分析方法。

得到偏最小二乘回归方程为：

$$\ln I = 0.305 + 0.14693 * \ln P + 0.92674 * \ln A +$$
$$0.12963 * \ln T - 0.20356 * \ln S + 0.38274 * \ln U +$$
$$0.297431 * \ln Is \qquad (9)$$

2. 二氧化碳排放峰值预测

依据之前设定的 4 种不同的情景模式，运用拟合后方程，结合各个参数不同时间阶段的变量表,对内蒙古的碳排放峰值、峰值年进行预测计算,得出各个情景下内蒙古的碳排放峰值大小以及峰值年,如表3-5所示。

表3-5 内蒙古碳排放峰值大小以及峰值出现时间

（单位：亿吨二氧化碳）

	碳排放峰值量（亿吨二氧化碳）	峰值年份
中速—基准情景	6.524	2035年左右
高速—节能情景	5.248	2030年左右
中高速—低碳情景	5.107	2025年左右
高中速—高碳情景	8.573	2045年左右

从表3-5中可以看出,4种情景模式下内蒙古的碳排放达到峰值时间为2025—2040年,碳排放峰值为5.1亿—8.57亿吨二氧化碳。从峰值时间顺序来看,低碳情景在2025年左右最先出现碳排放峰值;节能情景在2030年左右出现峰值;其次为基准情景,在2035年左右出现峰值;最后是高耗能情景,在2045年左右出现峰值。表3-6列出了不同情景峰值年下各个变量的参数,根据各个参数我们可以进一步分析4种碳排放情景下各个变量参数变化的组合,进而分析4种情景的特点。

表3-6 不同情景峰值年下各个变量的参数

（单位:%，吨标准煤/万元）

	峰值年	人口增幅	人均GDP增幅	能源强度	非化石能源占比	城镇化率	工业化率
基准情景	2035年	1.065	2.25	0.924	17.8	72.10	32.10
节能情景	2030年	1.070	1.90	0.713	20.1	70.10	35.10

	峰值年	人口增幅	人均GDP增幅	能源强度	非化石能源占比	城镇化率	工业化率
低碳情景	2025年	1.045	1.80	0.713	20.1	70.10	35.20
高耗能情景	2045年	1.235	3.15	0.910	18.2	78.55	26.15

（1）基准情景

可以看到，在基准情形下，内蒙古的二氧化碳排放峰值时间为 2035 年左右，峰值量为 6.524 亿吨二氧化碳，高于目前对 2030 年碳排放的基本判断，但这与目前内蒙古的能源大区地位、能源消费结构和经济发展要求是一致的。

（2）节能情景

在节能情景下，内蒙古碳排放峰值年在 2030 年左右，峰值量为 5.248 亿吨二氧化碳，人均 GDP 为 2015 年的 1.9 倍，城市化率接近 70%。这些明显增长的增碳因素的高速发力，并没有带来极速的二氧化碳排放量的增长，而是减碳因素碳排放强度、非化石能源占比和第二产业占比的变化对碳排放量和峰值时间起到了关键的降低左右。第二产业占比降到 35%，将碳排放的峰值时间提前 5 年左右。可见即使经济总量变化很快，但是只要合理的调整产业结构、提高非化石能源消费量、大力降低碳排放强度，二氧化碳排放的峰值量和峰值时间还是可以提早到来的。

（3）低碳情景

在低碳情景下，内蒙古碳排放峰值量出现在 2025 年左右，峰值量为 5.107 亿吨二氧化碳左右。在该种模式下，各项增碳变量严格按照 INDC 报告中指出的国家能源绿色低碳发展目标的要求进行控制，目标：2030 年单位国内生产总值二氧化碳排放量比 2005 年下降 60%—65%、非化石能源占一次能源消费比重达到 20% 左右。

（4）**高耗能情景**

在高耗能情景下，内蒙古碳排放峰值量出现在 2045 年左右，峰值量约为 8.573 亿吨二氧化碳。在这种情景下，虽然 2050 年经济社会发展能达到我们的基本预期，但是可以看到二氧化碳排放量几乎翻番，而且峰值年也大大推后，不符合国家 2030 年左右达峰的要求。虽然经济高速发展的同时开展了相应的碳减排工作，但是经济增幅带来的碳排放量的增加远远大于预期的要求。可以说，这种高耗能的情景是极其不合理的发展模式。另外加上 2045 年左右碳排放量基数过大，虽然达到峰值，但是如果没有技术方面的革命性的变化，未来减排的压力极大，很可能会出现碳排放失控的现象，极易引发很大的环境压力和气候问题，因此是极为不可取的发展模式。

四　内蒙古能源消费和碳排放控制的 目标定位及重点领域识别

（一）工业领域

1. 工业领域能源消费及碳排放现状

围绕全国清洁能源基地、现代煤化工示范基地、有色金属和现代装备新型产业基地以及绿色农产品加工基地，内蒙古通过实施十多项专项产业规划以及配套措施，积极促进产业转型，工业稳步发展。经过十几年的快速发展，内蒙古工业以能源基础原材料为主的单一产业结构逐步被打破，资源型产业和非资源型产业、传统优势产业和战略性新兴产业多元化并举发展的格局逐步形成。从能源消费总量看，内蒙古工业领域能源消费由 2014 年的 12973.82 万吨标准煤，增长到 2016 年的 14539.64 万吨标准煤，年均增长 5.86%。

从能源消费品种来看，内蒙古工业领域能源消费还是以煤炭为主，煤炭、电力消耗呈逐年增加趋势，煤炭从 2014 年的 33027.72 万吨增加到 2016 年的 34392.94 万吨，年均增长 2.04%；电力消费量也由 2140.34 亿千瓦时增加到 2286.41 亿千瓦时，年均增长 3.36%。其他能源品种消耗呈现波动趋势（见表 4 - 1）。

表4-1　2014—2016年内蒙古工业能源消费总量和主要能源品种消费量

	2014年	2015年	2016年
能源消费总量（万吨标准煤）	12973.82	13728.81	14539.64
煤炭消费量（万吨）	33027.72	33416.24	34392.94
焦炭消费量（万吨）	1493.66	1532.74	1635.40
原油消费量（万吨）	411.36	383.67	419.55
汽油消费量（万吨）	14.62	13.65	13.47
煤油消费量（万吨）	0.23	0.24	0.19
柴油消费量（万吨）	126.46	108.74	99.30
燃料油消费量（万吨）	4.86	10.55	3.24
天然气消费量（亿立方米）	30.34	23.51	22.90
电力消费量（亿千瓦时）	2140.34	2245.56	2286.41

结合《省级温室气体清单编制指南》IPCC及重点行业核算指南，提供的温室气体核算方法，通过能源消费量估算出内蒙古工业领域二氧化碳的排放量。2016年内蒙古工业领域二氧化碳排放量为3.78亿吨二氧化碳，占全社会碳排放的比重为80.1%，工业领域在全社会碳排放中居主体地位。

2. 工业领域能源消费及二氧化碳排放发展趋势

（1）工业领域发展趋势

新一轮科技革命蓄势待发并将引发工业发展方式的深刻变革和产业价值链体系的重塑，制造业成为全球经济竞争的制高点，绿色低碳智能成为工业转型升级的基本方向，新型工业化、信息化、城镇化、农业现代化加快发展，内需潜力不断释放，为全区工业发展提供了巨大的市场需求。国家实施创新驱动、新一轮西部大开发和全面振兴东北地区等老工业基地等重大战略，为全区的工业发展带来重大政策机遇。内蒙古自治区第十次党代会提出了工业转型发展的新理念新思路新方略，有利于凝聚全区形成抓工业、谋发展的强大合力，大力促进完成内蒙古"十四五"工业和信息化发展规划提出的"工业增加值年均增长6%，工业固定资产投资累计完成1.2万亿元，制造业增加值占GDP比重达到16%，工业园区亩均产值较2020年增长18%左右"的目标，"双碳"阶段性目标和能耗"双控"目标全面落实，"倚能倚重"发展模式明显转变，重点用能行业单位产品能耗优于国家能耗限额先进值，工业用水强度继续下降，绿色发展水平实现新提高，单位工业增加值能耗、单位工业增加值二氧化碳排放和污染物排放指标完成国家下达的目标任务。

（2）工业领域能源消费及二氧化碳排放发展趋势

"十四五"及未来一段时期，内蒙古将积极落实能耗"双控"政策要求，坚决遏制"两高"项目盲目发展，加快淘汰落后产能，改造提升传统产能，构建高效、清洁、低碳、循环的绿色制造体系，逐步形成绿色生产方式，助力碳达峰、碳中和。严格控制"两高"行业规模，落实能源消费总量和强度"双控"及碳排放强度控制要求，坚持将能耗约束、环境约束摆在前面，坚决遏制"两高"项目盲目发展。严格控制"两高"行业新增产能规模，除合规在建项目和已完成产能置换项目外，原则上不再审批"两高"行业新增产能项目，确需建设的须实施产能和能耗减量或等量置换。按照工业领域年均增长6%目标，工业领域能源消费及二氧化碳排放在未来一段时间仍将处于缓慢增长态势，二氧化碳排放增速将逐渐减缓。

3. 工业领域节能减排措施建议
（1）控制工业领域二氧化碳排放
推动钢铁、建材、有色、化工、石化、电力、煤炭等重点行业制定达峰目标，尽早实现二氧化碳排放达峰。鼓励大型企业、特别是大型国有企业制定二氧化碳达峰行动方案，实施碳减排示范工程。加大对企业低碳技术创新的支持力度，鼓励企业采用《国家重点推广的低碳技术目录》进行升级改造。加大对节能技改项目、二氧化碳减排重大项目和技术创新扶持的力度，推动煤化工等行业开展二氧化碳捕集、利用和封存示范工程。遏制"两高"项目盲目发展，控制工业行业温室气体排放。加快重点高耗能行业节能技术改造的步伐，升级钢铁、建材、化工领域的工艺技术，控制工业过程温室气体的排放。推广水泥生产原料替代技术，鼓励利用转炉渣等非碳酸盐工业固体废物作为原料生产水泥。推动煤电、煤化工、钢铁等行业开展全流程二氧化碳减排示范工程。

（2）深化工业领域节能

①严格控制"两高"行业规模

落实能源消费总量和强度"双控"及碳排放强度控制要求，坚持将能耗约束、环境约束摆在前面，坚决遏制"两高"项目盲目发展。严格控制"两高"行业新增产能规模，除合规在建项目和已完成产能置换项目外，原则上不再审批"两高"行业新增产能项目，确需建设的须实施产能和能耗减量或等量置换。严格"两高"项目准入，确需新建的"两高"项目，在开展前期工作过程中，深入论证建设的必要性、可行性，项目布局符合"三线一单"要求，工艺技术装备达到国内先进水平，能源消费符合地方能源消费总量和强度要求，单位产品能耗达到国家先进值；污染物排放符合区域碳排放、污染物排放削减要求。鼓励有条件的地区"建绿网、用绿电"，实施"绿电替代"。

专栏 4－1　"两高"主要行业规模控制和改造升级任务

钢铁。严格控制钢铁新增产能，除已完成产能置换的项目外，不再审批新增钢铁产能项目，"十四五"时期钢铁总产能控制在 3600 万吨左右。扩大高纯铁、不锈钢、稀土钢、硅钢等特种钢和重轨型材、钢结构建筑型材、高端板材等高附加值钢材规模，开发高强度、高耐磨性、高耐蚀性等节材型、长寿命型绿色钢材产品，到 2025 年高端钢铁、高品质钢材产品比重提高到 50%。支持现有钢铁企业改造升级，推动包钢集团改革发展、提质增效转型。持续严厉打击"地条钢"，严防死灰复燃。

电解铝。围绕准格尔地区高铝煤炭资源（高铝粉煤灰）综合利用，积极争取国家支持，在包头、鄂尔多斯适度布局"粉煤灰提取氧化铝—电解铝—铝后加工"循环产业链项目。除已完成产能置换的项目外，不再审批单纯新增电解铝产能项目，"十四五"时期电解铝总产能控制在 700 万吨在右（不包括"粉煤灰提取氧化铝—电解铝"循环产业链上电解铝产能）。支持赤峰发展氧化铝产业。

铁合金。严格控制铁合金新增产能，不再审批新增铁合金产能项目，"十四五"时期铁合金总产能控制在 1400 万吨左右。

焦化。不再审批新增焦炭（兰炭）产能项目，淘汰落后产能、化解过剩产能、改造存量产能、整合在建产能，"十四五"时期焦炭产能控制在 6000 万吨左右。鼓励焦化上下游企业整合重组，打造"煤—焦—化"一体、"煤—焦—钢"一体产业链，塑造产业链整体竞争优势。

电石。除已批合规在建项目外，不再审批新增电石产能项目，"十四五"时期电石产能控制在 1500 万吨以内。

电石法 PVC。除已批合规在建项目外，不再审批电石法 PVC 新增产能项目，"十四五"时期电石法 PVC 产能控制在 500 万吨左右。优化氯碱化工产品结构，重点发展 PVC 用树脂、氯化法钛白粉、氯化高聚物等高附加值含氯产品。鼓励企业采用新一代国产化离子膜、减汞和汞污染防治、工业废盐制碱和电石渣制氧化钙等技术，提高行业清洁生产水平。

水泥。不再审批水泥新增产能项目，鼓励水泥产能向外转移，"十四五"时期水泥熟料有效产能控制在 5000 万吨以内。推进水泥企业联合重组，到 2025 年水泥熟料产能集中度达到 70% 以上。逐步取消 32.5 等级水泥品种，发展高性能水泥、专用水泥、特种水泥，开发适用于装配式建筑的水泥基材料及制品，推广应用高性能混凝土，优化供给结构，提高供给质量。

普通平板玻璃。不再通过产能置换审批建设普通平板玻璃项目，"十四五"时期普通平板玻璃保持在 1500 万重量箱左右。鼓励发展超薄、超厚、超白等优质浮法玻璃，发展光伏玻璃、汽车玻璃等高性能和高附加值产品。支持玻璃现有生产企业进行技术改造升级，发展玻璃精深加工产业。

新型墙体材料。适应绿色建筑和装配式建筑发展需求，发展以大宗工业固废为原料的轻质、高强、耐久、自保温、部品化烧结类墙体材料，发展加气混凝土砌块、防水防腐保温复合一体化装配式建筑墙体板材等非烧结类墙体材料，以及真空绝热板、发泡材料等安全、节能、绿色保温材料，发展绿色建材和建材部品部件，到2025年绿色建材应用率达到40%以上，绿色建材标识评价涵盖85%以上建材产品品种。大力发展陶瓷产业，支持鄂尔多斯建设建筑陶瓷、日用陶瓷生产基地，到2025年建筑陶瓷产能达到5000万平方米、日用陶瓷产能达3.5亿件（套）。支持乌兰察布建设陶瓷保温材料生产基地，到2025年陶瓷保温材料产能达到100万立方米。

②加快淘汰落后产能

统筹产业政策和能耗、环保、质量、安全等方面的技术标准，综合运用法律法规、经济手段和必要的行政手段，依法依规、坚决有序淘汰高耗能行业的落后产能。被列入淘汰范围的落后产能相关企业，不得参与电力市场交易；对未按期完成淘汰任务的盟市实行"区域能耗限批"；对未按期完成淘汰任务的企业实施更加严厉的惩罚性电价政策，必要时依法责令停产或关闭。力争利用三年时间，列入淘汰范围的落后产能基本退出。

专栏4-2　落后产能淘汰范围和标准

钢铁。有效容积1200立方米以下炼钢用生铁高炉、公称容量100吨以下炼钢转炉、公称容量100吨（合金钢50吨）以下电弧炉原则上2023年底前全部退出；符合条件的可以按国家标准实施产能置换。

铁合金。25000千伏安以下矿热炉（特种铁合金除外，具体特种铁合金种类由自治区认定），原则上2022年底前全部退出；符合条件的可以按1.25:1实施产能减量置换。

电石。30000千伏安以下矿热炉，原则上2022年底前全部退出；符合条件的可以按 1.25：1 实施产能减量置换。

焦炭。炭化室高度小于 6.0 米顶装焦炉、炭化室高度小于 5.5 米捣固焦炉、100 万吨/年以下焦化项目，原则上 2023 年底前全部退出；符合条件的可以按国家标准实施产能置换。

石墨电极。普通功率和高功率石墨电极压型设备、焙烧设备和生产线，直径 600 毫米（不含）以下石墨电极生产线原则上 2021 年底前全部退出。

火电。不具备供热改造条件的单机 5 万千瓦及以下纯凝煤电机组、大电网覆盖范围内单机 10 万千瓦及以下纯凝煤电机组、大电网覆盖范围内单机 20 万千瓦及以下设计寿命期满纯凝煤电机组，原则上 2023 年底前全部退出。

③节能技术改造

制定节能技术改造行动计划，对标先进标准，重点对火电、钢铁、电解铝、铁合金、电石、铜铅锌冶炼、煤化工、建材等高耗能行业重点用能企业实施节能改造，改造后产品单耗力争达到国家能耗限额标准先进值。对能耗超限额企业实行更加严格的惩罚性电价政策。开展重点用能企业节能诊断，加大节能技术改造项目支持力度。鼓励第三方机构在化工、冶金、建材等高耗能企业实施电机系统节能、能量系统优化、余热余压利用等合同能源管理项目。推动开展碳排放交易、用能权交易。

专栏 4-3 节能技术改造重点任务

推广新技术新工艺。钢铁行业：重点推广经济炼焦配煤、干法熄焦、长寿高炉、新一代控轧控冷、超高强度钢热冲压成形、真空高压铸造、超高真空薄壁铸造等技术。有色行业：推广粗铜连续吹炼、铅富氧闪速熔炼、精炼炉底吹富氧燃烧、高辐射覆层、高纯铝连续旋转偏析法提纯节能技术。化工行业：推广大型粉煤加压气化、烯烃原料轻质化、水煤浆气化、硝酸综合处理、高效流体传输、高效低能耗合成尿素工艺技术等技术改造。建材行业：推广高固气比熟料煅烧、无球化粉磨、大推力多通道燃烧、玻璃窑炉富氧（全氧）燃烧及余热发电等技术。

改造终端用能设备。电机系统：推广永磁同步伺服电机、高压变频调速、永磁涡流柔性传动、冷却塔用混流式水轮机等技术。配电系统：推广非晶合金变压器、有载调容调压、系统无功补偿及参数优化等技术。炉窑系统：推广富氧助燃、蓄热式燃烧、循环水系统防垢提效等技术改造。

推进余热余压余气回收利用。钢铁企业：余热余压能量回收同轴机组应用、烧结矿显热回收利用、副产煤气高值利用、高炉上升管余热回收、转炉烟气余热回收、乏汽余热供暖等技术。铁合金企业：实施全密闭改造，推广矿热炉高温烟气净化回收利用。化工企业：鼓励使用生产过程中释放出的副产热能、压差能及回收可燃气体。加大蒸汽余热梯度利用、非稳态余热回收等相关技术的研发应用力度。推广普及中低品位余热余压发电、制冷、供热及循环利用。

（二）建筑业领域

1. 建筑业领域能源消费及碳排放现状

随着经济的增长，中国的城市建筑规模持续以5%—8%的速度增长，每年新增10亿多平方米的新建筑，城市建筑碳排放已经成为中国碳排放的主要来源之一。随着内蒙古城镇化和城乡一体化的快速发展，城镇建筑也将是内蒙古能源消耗和碳排放的重要来源。单从建筑业来看，能源消耗约占全社会总能源消耗的1.5%—2%。由于建筑业耗能品种主要为油品和电力（见表4-2），相对工业部门单位能源碳排放系数较低。2016年建筑业碳排放仅占全社会碳排放总量的0.83%，不足1%，是碳排放量最低的行业大类。

表4-2　　　2014—2016年内蒙古建筑业能源消费总量和
主要能源品种消费量

	2014年	2015年	2016年
能源消费总量（万吨标准煤）	356.77	302.36	367.70
煤炭消费量（万吨）	194.05	143.91	173.47

续表

	2014 年	2015 年	2016 年
汽油消费量（万吨）	8.56	7.98	9.08
柴油消费量（万吨）	18.50	17.63	17.89
电力消费量（亿千瓦时）	11.18	9.92	10.83

2. 建筑领域碳排放增长趋势分析

从全国层面看，1996—2014 年，中国建筑碳排放总量增长了 14.322 亿吨二氧化碳，年均增速达到 6.78%。其中，2002—2007 年的年均增速高达 11.10%。从各类建筑的排放增量看，公共建筑和城镇住宅分别占 1996—2014 年总增量的 45.03% 和 36.64%，是碳排放增长的主要建筑类型。从各类能源的排放增量看，煤炭和电力排放分别占总增量的 37.08% 和 51.88%，是碳排放增长的主要能源类型。碳排放的增长主要与北方城镇公共和住宅建筑集中采暖有关，而电力排放的增长主要与人民生活水平提高、人均用电需求增长有关，主要用电活动包括照明、空调、家电及炊事等。

从内蒙古层面看，当前内蒙古处于加快发展方式转变的重要时期，也处于城镇化和城乡一体化深入发展的关键时期。城镇化是内蒙古未来经济增长的新动力，未来一段时间内蒙古仍处于城镇化加速推进阶段。随着内蒙古城镇化率稳步提升，还需要追加约 1 万亿元左右的城镇固定资产投资，进而带动大量建筑的开工建设及投入使用。综上所述，内蒙古建筑领域的能源消耗及二氧化碳排放仍将缓慢增长。

3. 建筑领域节能降碳措施

（1）大力推广低碳建筑

低碳建筑可以减少碳排放，是建筑行业未来发展的方向。人类在发展过程中大量消耗化石能源使得二氧化碳排放量急速增加，导致全球气候变暖，自然灾害频发，国际社会开始重新审视传统的发展观，转而注重"低碳"发展。目前世界上提出的低碳概念基本上是指在某一个时间点达到较低的温室气体排放，并以此衡量是否实现了"低碳发展""低碳经济"或"低碳城市""低碳社会"。无论是"低碳发展"，还是"低碳城市"，其实质是指社会经济体系的构建和发展能够实现"低碳"排放。内蒙古呼伦贝尔市、乌海市是国家发改委批准的低碳城市试点，呼和浩特市是国家气候变化适应性城市试点，三个试点的经验将引领内蒙古低碳城市的建设。

推进可再生能源建筑规模化应用。积极推动太阳能、浅层地能、生物质能等可再生能源在建筑中的应用。制定太阳能光热建筑一体化的强制性推广政策及技术标准，普及太阳能热水利用，积极推进被动式太阳能采暖。研究完善建筑光伏发电上网政策，加快微电网技术研发和工程示范，稳步推进太阳能光伏在建筑上的应用。合理开发浅层地热能。财政部、住房和城乡建设部研究确定可再生能源建筑规模化应用适宜推广地区名单。开展可再生能源建筑应用地区示范，推动可再生能源建筑应用集中连片推广。

（2）大力促进城镇绿色建筑发展

绿色建筑是指在建筑的全寿命周期内，最大限度地节约资源（节能、节地、节水、节材），保护环境和减少污染，为人们提供健康、适用和高效的使用空间，与自然和谐共生的建筑。绿色建筑是一种气候适宜性建筑，即遵循气候特点设计出的低耗能建筑。政府投资的国家机关、学校、医院、博物馆、科技馆、体育馆等建筑，直辖市、计划单列市及省会城市的保障性住房，以及单体建筑面积超过 2 万平方米的机场、车站、宾馆、饭店、商场、写字楼等大型公共建筑，全面执行绿色建筑标准。积极引导商业房地产开发项目执行绿色建筑标准，鼓励房地产开发企业建设绿色住宅小区。切实推进绿色工业建筑建设。国家发展和改革委员会、财政部、住房和城乡建设部等部门要修订工程预算和建设标准，各省级人民政府要制定绿色建筑工程定额和造价标准。严格落实固定资产投资项目节能评估审查制度，强化对大型公共建筑项目执行绿色建筑标准情况的审查。强化对绿色建筑评价标识的管理，加强对规划、设计、施工和运行的监管。

大力发展绿色建材。因地制宜、就地取材，结合当地气候特点和资源禀赋，大力发展安全耐久、节能环保、施工便利的绿色建材。加快发展防火隔热性能好的建筑保温体系和材料，积极发展烧结空心制品、加气混凝土制品、多功能复合一体化墙体材料、一体化屋面、低辐射镀膜玻璃、断桥隔热门窗、遮阳系统等建材。引导高性能混凝土、高强钢的发展利用。大力发展预拌混凝土、预拌砂浆。深入推进墙体材料革新，城市城区限制使用黏土制品，县城禁止使用实心黏土砖。国家发展和改革委员会、住房和城乡建设部、工业和信息化部、国家市场监督管理总局要研究建立绿色建材认证制度，编制绿色建材产品目录，引导规范市场消费。国家市场监督管理总局、住房和城乡建设部、工业和信息化部要加强建材生产、流通和使用环节的质量监管和稽查，杜绝性能不达标的建材进入市场。积极支持绿色建材产业发展，组织开展绿色建材产业化示范。

（3）加强建筑节能工作

科学做好城乡建设规划。在城镇新区建设、旧城更新和棚户区改造中，以绿色、节能、环保为指导思想，建立包括绿色建筑比例、生态环保、公共交通、可再生能源利用、土地集约利用、再生水利用、废弃物回收利用等内容的指标体系，将其纳入总体规划、控制性详细规划、修建性详细规划和专项规划，并落实到具体项目。做好城乡建设规划与区域能源规划的衔接，优化能源的系统集成利用。建设用地要优先利用城乡废弃地，积极开发利用地下空间。积极引导建设绿色生态城区,推进绿色建筑规模化发展。

严格落实建筑节能强制性标准。住房和城乡建设部门要严把规划设计关口,加强建筑设计方案规划审查和施工图审查,城镇建筑设计阶段要100%达到节能标准要求。加强施工阶段监管和稽查,确保工程的质量和安全,切实提高节能标准执行率。严格建筑节能专项验收,对达不到强制性标准要求的建筑,不得出具竣工验收合格报告,不允许投入使用并强制进行整改。鼓励有条件的地区执行更高能效水平的建筑节能标准。

加强公共建筑节能管理。加强公共建筑能耗统计、能源审计和能耗公示工作,推行能耗分项计量和实时监控,推进公共建筑节能、节水监管平台建设。建立完善的公共机构能源审计、能效公示和能耗定额管理制度,加强能耗监测和节能监管体系建设。加强监管平台建设统筹协调,实现监测数据共享,避免重复建设。对新建、改扩建的国家机关办公建筑和大型公共建筑,要进行能源利用效率测评和标识。研究建立公共建筑能源利用状况报告制度,组织开展商场、宾馆、学校、医院等行业的能效水平对标活动。实施大型公共建筑能耗(电耗)限额管理,对超限额用能(用电)的,实行惩罚性价格。公共建筑业主和所有权人要切实加强用能管理,严格执行公共建筑空调温度控制标准。研究开展公共建筑节能量交易试点。

推动建筑工业化。住房和城乡建设部门等要加快建立促进建筑工业化的设计、施工、部品生产等环节的标准体系,推动结构件、部品、部件的标准化,丰富标准件的种类,提高通用性和可置换性。推广适合工业化生产的预制装配式混凝土、钢结构等建筑体系,加快发展建设工程的预制和装配技术,提高建筑工业化技术集成水平。支持集设计、生产、施工于一体的工业化基地建设,开展工业化建筑示范试点。积极推行住宅全装修，鼓励新建住宅一次装修到位或菜单式装修，促进个性化装修和产业化装修相统一。

推进建筑废弃物资源化利用。落实建筑废弃物处理责任制，按照"谁产生、谁负责"的原则进行建筑废弃物的收集、运输和处理。住房和城乡建设部、国家发展和改革委员会、财政部、工业和信息化部等部门要制定实施方案，推行建筑废弃物集中处理和分级利用，加快建筑废弃物资源化利用、装备研发等技术的推广，编制建筑废弃物综合利用技术标准，开展建筑废弃物资源化利用试点示范，研究建立建筑废弃物再生产品标识制度。地方各级人民政府对本行政区域内的废弃物资源化利用负总责，地级以上城市要因地制宜设立专门的建筑废弃物集中处理基地。

（4）大力推进既有建筑节能改造

加快实施"节能暖房"工程。以围护结构、供热计量、管网热平衡改造为重点，大力推进北方采暖地区既有居住建筑供热计量及节能改造。

积极推动公共建筑节能改造。开展大型公共建筑和公共机构办公建筑空调、采暖、通风、照明、热水等用能系统的节能改造，提高用能效率和管理水平。鼓励采取合同能源管理模式进行改造，对项目按节能量予以奖励。推进公共建筑节能改造重点城市示范，继续推行"节约型高等学校"建设。

开展夏热冬冷地区居住建筑节能改造试点。以建筑门窗、外遮阳、自然通风等为重点，在夏热冬冷地区进行居住建筑节能改造试点，探索适宜的改造模式和技术路线。

创新既有建筑节能改造工作机制。做好既有建筑节能改造的调查和统计工作，制定具体改造规划。在旧城区综合改造、城市市容整治、既有建筑抗震加固中，有条件的地区要同步开展节能改造。制定改造方案要充分听取各方面的意见，保障社会公众的知情权、参与权和监督权。在条件许可并征得业主同意的前提下，研究采用加层、扩容等方式进行节能改造。坚持以人为本，切实减少扰民，积极推行工业化和标准化施工。住房和城乡建设部门要严格落实工程建设责任制，严把规划、设计、施工、材料等关口，确保工程的安全、质量和效益。节能改造工程完工后，应进行建筑能效测评，对达不到要求的不得通过竣工验收。加强宣传，充分调动居民节能改造的积极性。

（三）交通领域

1. 交通领域能源消费及碳排放现状

近年来，全区交通基础设施规模的快速扩张、运输总量的较快增长，交通运输节能减排、环境保护和资源集约利用的压力日趋加大。交通运输行业是资源使用、能源消耗和温室气体排放的大户，内蒙古交通运输处于基础设施加速成网的关键期，交通领域增加值2014—2016年年均增长4%—7%，2016年内蒙古交通运输行业在全社会能源消耗和温室气体排放中所占的比重分别为4.7%和5.85%。

表4-3　　　2014—2016年内蒙古交通领域能源消费总量和
主要能源品种消费量

	2014 年	2015 年	2016 年
能源消费总量（万标准煤）	1158.66	1178.66	913.51
煤炭消费量（万吨）	636.20	719.53	297.46
汽油消费量（万吨）	127.24	155.32	178.71
煤油消费量（万吨）	28.13	32.36	34.77
柴油消费量（万吨）	255.49	188.15	148.67
燃料油消费量（万吨）	0.06	0.05	0.03
天然气消费量（亿立方米）	4.54	5.07	4.42
电力消费量（亿千瓦时）	23.24	23.02	24.73

2. 交通领域能源消费及碳排放发展趋势

(1) 交通领域发展趋势

"十四五"时期及其未来一段时间，内蒙古经济将进入平稳发展期，年均经济增长率为5%左右。经济稳健发展将带来交通运输需求的迅速增长，实现基础设施供给全面提升、综合运输服务水平全面提升、智慧绿色平安交通发展水平全面提升、行业治理体系和治理能力全面提升，安全、便捷、高效、绿色、经济的综合交通运输体系迈上新台阶，高质量完成自治区交通强国试点任务，交通运输在支撑经济社会发展中的作用更加突出。

根据《内蒙古自治区国民经济和社会发展第十四个五年规划和2035年远景目标纲要》，内蒙古继续把加强交通基础设施建设摆在经济社会发展的优先位，交通运输、能源外送通道和引调水骨干工程接续落地，综合交通运输体系基本形成，接入全国高铁网，建成高速铁路404千米。全区103个旗县（市区）全部通高等级公路，建成"四好农村路"6.6万千米，综合交通网总里程达到22.5万千米。加快出区通道、区内通道、口岸通道、边防通道和农村牧区林区路网建设，增强区域间、城际与资源产地间的交通联系和各种运输方式间的协同协作，完善综合交通网络，重点推动出区进京通道建设，加强东中西部快捷联系，打造"干支通"民航运输全网通，建设若干全国性、区域性综合交通枢纽。

①拓展升级铁路网

加快高速铁路布局建设，推动形成以国家主通道为骨架、区域连接线相衔接、城际铁路为补充的高速铁路网。加快优化普速铁路结构层次，以提质增效为重点，实施复线和电气化改造，完善支线铁路，强化干线铁路互联互通。加强口岸铁路建设，构建国际大通道。完善集疏运系统，推进"公转铁"，提升既有煤运通道综合效益。推动铁路运输与旅游业融合发展，积极发展高铁经济。

②畅通完善公路网

重点打通国家高速公路网自治区境内待贯通路段，全面建成东西高速公路通道，实现首府至盟市、相邻盟市通高速公路。加快推进普通国省干线提档升级，打通"断头路"，畅通"瓶颈路"。加强乡村旅游路、资源路、产业路建设。谋划实施内蒙古兴安岭上大通道建设工程。加快构建立体互联、优质高效、便捷舒适、智慧安全、生态绿色的公路交通运输体系，到2025年，公路总里程达到21.5万千米。

③优化织密航空网

重点建成呼和浩特新机场。新建正蓝旗、东乌旗、林西县运输机场，推进阿拉善左旗等运输机场升级改造，开展莫力达瓦旗等运输机场前期工作。新建柴河等通用机场，支持具备条件的通用机场升级运输机场。到2025年，民用机场达到70个以上。

④统筹布局综合交通枢纽

加快完善呼和浩特、包头的全国性综合交通枢纽，推动建设通辽、赤峰、乌兰察布等地区性综合交通枢纽。规划建设中心城市综合客运枢纽，构建铁路、公路、航空、城市轨道及公交、旅游集散一体化换乘体系。以综合交通枢纽城市和重要口岸为依托，以场站枢纽和骨干集疏运通道为支撑，打造"城市—场站—集疏运通道"综合交通枢纽体系。

（2）交通运输业能源消费概述

交通运输系统使用的能源主要是矿物燃料（石油、天然气和煤），而在公路、航空、水路运输中主要使用的是石油产品，轨道运输主要的能源是石油、电能等。交通运输行业的能源消耗实际上应当包括交通基础设施建设的能源消耗，交通工具及交通基础设施运营的能源消耗，车辆制造、能源生产的能源消耗，等等。也可分为直接能源消耗与间接能源消耗，以公路运输为例，直接能源消耗主要是消耗于驱动车辆的那一部分，主要是石油消耗。影响其使用效率的因素包括车辆的特性（如车型、载质量、车龄和发动机排量），公路几何特性与状况（如坡度、曲率和路面维护状况），交通条件（如交通流为自由流或阻塞）。间接能源消耗主要包括建设、维护运营交通运输系统所需要的能源。其中最主要的是制造与维修运输车辆的能源消耗和修筑与养护道路的能源消耗两个部分。目前交通基础设施建设、车辆制造等的能源消耗往往算在建筑行业与工业中，交通行业能源消耗统计的来源应该主要是交通工具及交通基础设施运营的能源消耗。即目前统计到交通运输行业内的能源消耗，几乎是直接消耗。而相关研究也表明，这部分能源消耗是交通运输行业消耗的最主要部分。

有关数据显示，交通运输业耗能约 $17 * 10^{18}$ 焦耳，即每年需要用 $17 * 10^{18}$ 焦耳的能量来维持全球交通运输的正常运转，满足人与货物移动的需求。交通能耗二十多年来几乎一直保持上涨的趋势，近几年增长趋于缓和，甚至有所下降，道路交通能耗几乎占据总能耗的70%。在所有交通方式的能耗比例中，道路占比约70%；航空与水运的能耗相差不多，都为12%—13%；轨道交通只占不足3%，所消耗的能源总量是所有交通能源消费中最少的。

（3）交通运输业碳排放趋势

在交通行业的能耗统计数据中，目前往往更加关注碳排放。在一些报告以及研究中，碳排放的数据比直接统计能耗的数据更多而且更加具体，并且会做更多更为细致的分析。虽然各类资源的排放因子存在差异，各行业对各类资源的依赖程度也是不同的，但数据表明宏观上能耗的比例近似碳排放的比例。

相关研究报告中显示，2005年交通运输业中铁路、道路、水运、航空部门的能源消费量分别为 $223.42 * 10^{15}$ 焦耳、$2479.87 * 10^{15}$ 焦耳、$2312.15 * 10^{15}$ 焦耳、$378.19 * 10^{15}$ 焦耳，二氧化碳、二氧化硫、氧化亚氮气体的总排放量分别为 37781.13 万吨、98.99 万吨、337.49 万吨；预测 2020 年高经济增长情景下铁路、道路、水运、航空部门的能源消费量分别为 290.5 * 10^{15} 焦耳、8230.6 * 10^{15} 焦耳、8598.33 * 10^{15} 焦耳、1523.3 * 10^{15} 焦耳，分别为 2005 年各个部门的 1.3 倍、3.3 倍、3.7 倍、4 倍，二氧化碳、二氧化硫、氧化亚氮气体的排放量分别为 131274.2 万吨、381.77 万吨、1200.5 万吨；预测 2020 年低经济增长情景下铁路、道路、水运、航空部门的能源消费量分别为 277.74 * 10^{15} 焦耳、8044.85 * 10^{15} 焦耳、7668.16 * 10^{15} 焦耳、1465.1 * 10^{15} 焦耳，为 2005 年各个部门的 1.2 倍、3.2 倍、3.3 倍、3.9 倍，二氧化碳、二氧化硫、氧化亚氮气体的排放量分别为 122877.2 万吨、347.5 万吨、1096.1 万吨。从预测结果来看，道路、水运、航空部门的能源消费量增长较快，原因可能是人们生活水平的提高，对交通运输部门的快捷性与便利性提出了更高的要求。

3. 交通领域节能降碳措施

（1）优化综合运输服务网络

创新运输组织模式，提升综合运输通道服务效能。增强区域间、城际通道间与资源产地间的交通联系，打造一体化综合交通枢纽，强化客货"零换乘""无缝隙"衔接，实现重要交通节点多路连通，推进多式联合运输和甩挂运输发展，构建集约高效的货运物流体系。加强基础设施网络结构优化，加快高快速铁路和城际轨道交通网的建设，推行基础设施绿色建养。

（2）构建生态优先、低碳环保的绿色交通

积极推进绿色交通运输方式。合理配置各类运输方式，提高铁路运输比重，推动航空、公路运输低碳发展。实施新能源汽车推广工程，积极推动新能源汽车充电基础设施建设。完善公共交通优先的城市交通运输体系，提高公共交通出行分担率，发展城市轨道交通、智能交通和慢行交通，鼓励绿色出行。促

进交通用能清洁化。培育健康低碳的绿色运输方式，大力推广节能环保汽车、新能源汽车、天然气（CNG/LNG）清洁能源汽车，并支持相关配套设施建设。

加强生态保护。将生态优先、绿色发展要求贯穿交通基础设施规划、建设、运营和养护的全过程，严守生态红线。扎实推进重要交通干线沿线环境综合整治工程，实现交通基础设施由单一运输功能向运输、生态、旅游、保护等复合功能发展。大力推进交通节能减排。落实交通碳达峰、碳中和工作要求，深化运输结构调整，深入实施铁路运能提升行动、公路货运治理行动、多式联运提速行动，促进结构性节能减排。大力推广新能源和清洁能源，加快充气充电设施配套建设，推进绿色循环低碳公路、绿色循环低碳枢纽等主题性示范项目建设，加强交通运输领域节能减排监测体系和标准体系建设，倡导绿色低碳出行。

促进资源节约集约利用。加强综合运输通道线位资源和运输枢纽资源统筹利用，优化交通工程建设方案。推广使用交通废弃物循环利用的新材料、新工艺、新设备，倡导标准化设计及工厂化预制。持续推进邮件快件包装绿色化、减量化、可循环，加快邮政业绿色发展的步伐。

专栏4-4 交通领域节能降碳重点工程

绿色交通示范创建。进一步完善绿色交通制度和标准规范体系。继续开展绿色交通城市、公路及绿色交通运输企业等示范创建工作。

废旧路面材料循环利用。推广公路路面材料循环利用技术，综合考虑公路等级、工程性质及规模、路面旧料类型及质量、施工环境、交通与气候条件等因素，合理选用路面材料利用技术，面层材料与基层材料原则上应分别回收与循环利用，确保高价值的路面旧料得以科学高效的循环利用。

交通信息化建设。加快推进内蒙古高等级公路联网收费系统建设运营，基本实现ETC系统全区联网。推进交通基础设施、运输工具、运行信息等互联网化，加快构建车联网，晚上故障预警、运行维护和智能调度系统，推动驾驶自动化、设施数字化和运行智慧化。推动建设铁路、民航、道路客运"一站式"服务系统，建设综合运输公共信息服务平台和交通大数据中心。建设交通运输物流公共信息平台，加强运行管理，促进货运配载，提高货运车辆实载率和里程利用率。

（四）消费领域

1. 消费领域能源消费及碳排放现状

内蒙古生活消费能源品种主要为煤炭、油品、天然气和电力，2016 年内蒙古消费领域在全社会能源消耗和温室气体排放中所占的比重分别为 8.62% 和 2.91%。

表 4 - 4　　2014—2016 年内蒙古生活消费领域能源消费总量和主要能源品种消费量

	2014 年	2015 年	2016 年
能源消费总量（万吨标准煤）	1464.26	1537.23	1677.63
煤炭消费量（万吨）	318.18	309.10	291.03
汽油消费量（万吨）	59.71	62.92	75.16
柴油消费量（万吨）	46.24	45.89	51.55
天然气消费量（亿立方米）	2.68	2.80	4.44
电力消费量（亿千瓦时）	120.54	128.14	138.48

2. 消费领域能源消费及二氧化碳排放发展趋势

（1）消费领域发展趋势

在现代化进程中，国家工业化城镇化发展阶段、产业结构和消费升级存在着规律性的对应关系。到工业化中后期，消费逐渐成为推动经济增长最重要的动力源，消费领域的能源消费量及碳排放水平将逐步提高。

从内蒙古经济增长的支撑动力来看，新兴动力持续发力，支撑作用进一步提升。近年来，拉动内蒙古经济增长的新动力在加快成长，尤其是服务业和消费的快速发展，已经成为经济增长的主要动力。全区服务业对全区经济增长的贡献率逐年增加，"十四五"时期，服务业继续领跑全区经济的趋势不会变。在消费方面，随着内蒙古积极贯彻国家一系列扩大消费的政策举措、收入保障机制的不断完善，居民预期支出的压力将会减轻，居民尤其是中低收入群体的消费预期将会有效提升，这将推动资金由保障性项目向消费性项目转移；再加上消费环境的持续改善，内蒙古的消费潜力将会得到进一步释放。

从近年内蒙古经济运行的特征来看，消费支撑力稳步增强。消费对全区经济增长起到了稳定支撑的作用。受新冠肺炎疫情的影响，2020年内蒙古社会消费品零售总额4760.5亿元，比2019年下降5.8%。按经营地统计，城镇消费品零售额4205.8亿元，下降5.9%；乡村消费品零售额554.7亿元，下降4.7%。按消费类型统计，商品零售额4179.8亿元，下降3.6%；餐饮收入580.7亿元，下降18.8%。随着形势好转，未来消费品市场稳中有升，消费结构同步优化调整，消费活跃结构升级，居民消费将呈稳定增长态势，支撑消费市场继续平稳运行。就业形势基本保持稳定，城乡居民人均可支配收入增长快于GDP的增长，居民消费能力持续增长。消费市场秩序进一步改善，服务消费、信息消费、绿色消费、健康消费和农村牧区消费潜力得到进一步释放，个性化、中高端消费增长较快；随着消费市场环境进一步优化，内蒙古传统消费将保持稳定增长、新兴消费将持续扩大、潜在消费需求有望得到释放。消费结构升级将进一步加快。

（2）消费领域能源消耗及二氧化碳排放影响因素

①城镇化水平

城市化通过影响投资、人力资本和技术进步等经济增长因素，进而影响能源消费和碳排放。能源消耗是城市化的经济成本，碳排放是城市化的环境成本。随着我国城市化和工业化的推进，能源消费急剧增长。第二、第三产业能耗的不断增长是我国能源消费和碳排放增长的主要原因。截至 2020 年，内蒙古的城镇化率已经达到 67.48%，高于全国平均水平 3.59 个百分点，预计"十四五"末，内蒙古城镇化率将超过 70%，实现人口结构从农村牧区人口为主向城镇人口为主的根本性转变。

城市化进程改变了城镇居民的消费模式，导致城镇居民消费（尤其是耐用品消费）的增长，进而导致能源消费和碳排放的增长。

②居民人均收入

城镇居民人均可支配收入水平的不断提高，仍是我国城镇碳排放快速增长的主要原因之一。随着居民收入稳步增加，居民消费继续增长。2020 年内蒙古全体居民人均可支配收入 31497 元，比 2019 年增长 3.1%。全体居民人均生活消费支出 19794 元，比 2019 年下降 4.6%。

按常住地分，城镇常住居民人均可支配收入 41353 元，比 2019 年增长 1.4%。城镇常住居民人均生活消费支出 23888 元，比 2019 年下降 5.9%。农村牧区常住居民人均可支配收入 16567 元，比 2019 年增长 8.4%，城乡居民人均收入倍差 2.5。农村牧区常住居民人均生活消费支出 13594 元，比 2019 年下降 1.6%。全体居民恩格尔系数为 28.7%，比 2019 年提高 2.1 个百分点。其中，城镇居民恩格尔系数为 28.0%，农村牧区居民恩格尔系数为 30.6%，分别比 2019 年提高 1.7 个百分点和 3.4 个百分点。居民消费需求的快速增加，导致消费领域能源消费和碳排放的快速增长。

③人口数（总）量

人口总量、消费模式不同，各地区居民在消费过程中对环境造成的压力也不同。

内蒙古人口总量平稳增长，会直接或间接地对能源消耗和碳排放造成影响。2010 年内蒙古常住人口达到峰值，为 2472.2 万人；此后逐渐下降，到 2020 年年末全区常住人口为 2402.8 万人，比 2010 年累计降低 69.4 万人，2010—2020 年内蒙古人口自然增长率为 2.4‰—3.8‰。

目前，居民的消费模式有走向可持续的表现和动力，由于社会、经济背景不同，各地区居民的消费模式会出现不平衡性且有扩大的趋势。

④消费模式（结构）

城市化以及人们生活水平的不断提高，促进了消费的增长和升级，城镇居民对汽车、家电等耐用品的消费增加，导致能源消费的增长和碳排放的增长。

3. 消费领域存在的问题

（1）公众参与机制不健全

当代的环境资源问题是多种因素共同作用的结果。环境治理具有难以克服的外部性特征，公众存在着"搭便车"的内在诱因。在节能减排的推行过程中，同样存在着想"搭便车"的主体，这也是节能减排有效推进的最大障碍。因此，确保公众的行为参与是推进节能减排的首要条件。解决环境资源问题，一方面需要完善市场机制，明晰产权，将外部性内在化；另一方面环境资源的公共性，决定了市场机制不能完全解决问题，还必须充分地依靠公众参与。而目前内蒙古在节能降碳领域，公众参与发挥的作用不够，缺乏充分、有效的且有相当广度、深度的公众参与。特别是经济手段在促进公众参与机制上发挥的作用不够。

（2）节能减排的法律体系不够完善

作为公共品的生态环境资源需要完善的法律法规和制度体系来保障它的可持续利用，而内蒙古现有节能减排法律体系还不够完善，在低碳产品消费方面缺乏必要的强制性标准等立法，例如居民生活垃圾强制分类的法规及配套措施缺乏、低碳消费税收优惠政策制定相对滞后，还需要在现有的生态资源环境法律制度基础上，为低碳消费领域公众参与提供具体的制度上的支持。

（3）广泛开展绿色消费存在制约因素

绿色消费是一种综合考虑环境影响、资源效率、消费者权利的现代消费模式。作为一种现代消费模式，在消费内容、消费过程以及消费观念上，要参照国际上的5R原则，即节约资源，减少污染（Reduce）；绿色生活，环保选购（Reevaluate）；重复使用，多次利用（Reuse）；分类回收，循环再生（Recycle）；保护自然，万物共存（Rescue），使消费在不断满足人们生活方便、舒适的同时，注重环保和节约能源资源，从而实现可持续消费。

从生产厂商方面看，第一是绿色产品的开发力度不够。制造商能够提供一定数量的绿色产品，是实现绿色消费的前提。目前生产者、制造商能够提供的绿色产品的数量还十分有限，由此约束着消费者能够按意愿自由选择到所需的绿色产品。第二是生产管理水平落后。随着人们生活水平的提高和消费的升级，我国的绿色产品制造业有了较大的发展，但很多还没有形成规模，技术相对落后，产品结构单一，不能很好地满足消费者的需要。

从消费者方面看，第一是消费者收入水平制约着绿色产品的消费。生产绿色产品，需要制造商投入大量的资金，在制造资源、制造工艺等方面进行持续创新，因此绿色产品的价格也相对较高。根据马斯洛的需求理论，消费绿色产品，相应地要求消费者的收入水平相对较高。就我国目前消费者的收入达到的水平，还不能实现消费者的全部消费行为绿色化。第二是绿色消费观念还未深入人心。绿色产品的价格比一般产品的价格更高，许多消费者有绿色消费的愿望，但无法实现消费的全部绿色化，只是有限地选择绿色产品消费。

从产品市场方面看，第一是在国内市场，绿色产品入市难。第二是绿色产品在国际贸易中的不利地位影响了国内绿色消费水平的提高。

在出口方面，发达国家以烦琐、严格的环保措施设置"绿色壁垒"，使我国绿色产品在出口中处于不利地位。在进口方面，环保法规不健全，致使我国消费者权益受损，而且制约着我国消费水平（特别是绿色消费水平）的提高。

4. 消费领域节能降碳措施及建议

加强对绿色产业的宏观管理。在自治区层面出台宏观政策，从金融、信贷以及财政税收等方面，鼓励、支持、促进绿色产业发展和绿色消费。

同时，要加强和不断完善发展绿色产品的法律制度、管理体系建设。需要政府依靠法律手段来调控和引导，建立起绿色消费模式。要建立标准体系和检测体系以及有关的法律制度。标准体系与检测体系相结合，法律建设与加强管理相结合，使绿色产品的发展走上法制化轨道，真正实现消费模式绿色化。

（1）完善激励政策

财政政策是引导低碳发展的重要手段，需要建立健全促进低碳发展的财税政策体系。首先，要健全低碳发展财政投入政策，加大财政预算资金投入，为低碳发展提供资金保障。其次，出台引导城镇居民节能行为的政策。例如在机动车节能减排控制中，制定提高清洁能源和新能源汽车购车补贴的政策，制定淘汰老旧机动车的政策。最后，建立相关补贴政策鼓励城乡住户开发使用太阳能。通过运用财政补贴政策，起到鼓励和引导消费者的作用。

（2）发挥市场机制作用

节能减排的推行最终还是要落实到全体社会成员的行为参

与上。行为参与一方面依赖于公众主体意识、环保意识的提高，依赖于国家法律法规、政策的支持和保障；另一方面还依赖于市场机制的完善和经济利益的驱动。按照微观经济学的观点，人在很大程度上是"理性经济人"，利益的驱动才是人行为的最大内在诱因。因此必须努力完善节能减排的市场机制，以经济利益推动公众在节能减排中的行为参与。

法律和行政强制性手段有自身的局限性，它不能保证社会生产的生态效益与经济效益相协调，致使环境效益也无法得到保障，而市场机制本身也难以保证环境效益最大化。所以，解决这些矛盾的途径就是将行政的强制性与市场机制的引导性相结合。

（3）健全法制体系

进一步健全法制体系，完善节能减排相关法律法规建设。进一步健全节能减排环境立法，加大执法力度；充分发挥好节能减排法规、政策、标准引领、确定环保产业总量、市场容量的先导作用，更多地通过推动法规政策的完善，采取法律手段深入推进节能减排。一方面可以借鉴德国和日本有关绿色消费的先进法律制度，进一步完善绿色消费立法。另一方面，建立与国际环境标准制度相接轨的绿色法律法规体系，为推动绿色消费的实施保驾护航。

（4）制定规章制度标准

①绿色产品标志认证

完善绿色产品标志认证制度，打击仿冒环境标志行为。

②推进碳普惠制

通过碳普惠平台，为小微企业、社区家庭和个人的节能减碳行为进行具体量化和赋予一定价值，建立起以商业激励、政策鼓励和核证减排量交易相结合的正向引导机制。

③碳标签认证机制

碳标签作为生态标签的一种，是促进可持续生产与消费的一个基本手段。通过产品碳标签赋予消费者知情权，引导其根据温室气体排放量选择购买低碳产品，促使企业不断进行低碳技术更新。碳标签认证机制有助于引导企业低碳转型升级，引导公众低碳消费，促进绿色贸易。

内蒙古拥有天然绿色的有机农畜产品以及特色产品，特别是一些符合生态环保、节能减排的新品种。因此，应积极推动特色产品进入国家低碳产品认证目录，推动内蒙古企业树立产品的低碳形象，使产品在国内与国际竞争中抢占低碳先机。

（5）加强低碳生活的倡导与实践

弘扬生态文明理念和绿色消费观念，倡导绿色生活方式，拓展绿色商品和服务，推动绿色、循环、低碳经济蓬勃发展。

①树立节能低碳消费理念

通过节能宣传周和全国低碳日、生态文明宣教行等活动，积极倡导节能低碳的生产、生活和消费模式。

②推进绿色生产与消费

其一，加大绿色产品供给。引导企业采用先进设计理念、使用环保原材料、提高清洁生产水平，推进绿色供应链建设。进一步加强环境标志产品认证工作，鼓励、支持消耗臭氧层物质替代品的生产和使用。建设二手产品在线交易平台，提高闲置资源利用效率。开展以旧换再（再制造产品）试点，支持制造业骨干企业提供个性化再制造服务。

其二，把握居民消费升级关键期，以品质提升推动消费供给创新。完善产品结构，提升服务品质，营造多元一体的综合消费环境；鼓励企业"精致生产""个性生产"，通过"品质革命"引导需求回流。

增加绿色、有机农畜产品的供给，满足不断扩大和提高的国内需求。内蒙古自然条件得天独厚，农畜产品加工业已经成为内蒙古继能源、冶金之后第三大工业支柱产业，主要绿色农畜产品产量均居全国第一，发展绿色农畜产品生产加工基地优势明显。随着人们生活品质和消费能力的不断提高，对无公害、无污染、有机绿色食品的需求将持续快速增长。根据中国农业科学院和国际食物政策研究所（IFPRI）联合发布的《中国农业产业发展报告2021》和《2021全球粮食政策报告》，"十四五"时期，中国粮食安全有保障，重要农产品供应能力增强，2025年粮食产量将增至6.92亿吨，依然有能力确保"谷物基本自给，口粮绝对安全"底线不破。内蒙古绿色、有机农畜产品的市场空间潜力巨大，充分发挥内蒙古草原、土地绿色的优势和产品品牌优势，发展乳、肉、绒、马铃薯等特色产业，完善龙头企业与农牧民利益联结机制。通过企业技术进步，建立质量追溯体系，创新发展模式，做大做强农畜产品加工产业，增加有效供给，促进绿色化与农牧业现代化、城镇化、新型工业化融合互动。

制定相应标准衡量规范有关产品。对于一些中小型无公害蔬菜基地和农牧民自己生产的无化肥无农药的产品，要制定相应的标准来衡量、规范这些产品，以便于消费者购买时鉴别，工商部门执法时有法可依。

③居民日常生活

倡导绿色生活方式，鼓励家庭废旧物品循环利用；积极倡导低碳出行、绿色居住。

（6）推动低碳社区建设

推动低碳社区建设，逐渐打造低碳生活方式，是低碳社会建设的重要内容之一。通过推动社区从高能耗向低能耗转化、从高排放向低排放转化、从高污染向低污染转化、从人与自然相互对立向人与自然和谐相处转化，推动建设低碳社区，最终实现社区的可持续发展。低碳社区要体现低碳性、循环性和高效性，在低碳社区建设中，政府起引导作用，社会主体要积极参与。

绿色建筑——借鉴国内外先进经验，逐步建立包括生物多样化、绿化量、日常节能、水资源等在内的绿色建筑评估系统。

绿色能源——尽量减少对传统能源的使用，在使用可再生能源的同时，提升能源效益，落实住户节电绩效与住户节水绩效。

循环资源——在量上降低对资源的耗费，同时尽量避免一次性的使用。具体要求：垃圾源头减量、资源回收分类与资源的回收再利用。

绿色交通——在政策方向上，积极倡导由机动车向非机动车、由私人交通向公共交通的出行方式转变，使用绿色燃料、节约能源，以减轻对环境的污染。在实践上，通过完善交通系统、改善公共交通，进一步落实完善公共自行车计划。

永续生活环境——通过制定社区规约，宣传引导居民绿色消费，提高素质，主动参与社区管理。

创新作为——鼓励各领域创新项目，激发民众活力，从各个方面降低碳排放，营造健康、舒适、宜居的社区生活环境。

（五）碳汇领域

碳达峰、碳中和纳入生态文明建设总体布局，成为实现高质量发展的重要切入点和重要抓手，彰显了我国坚持绿色低碳发展的战略定力和积极应对气候变化、推动构建人类命运共同体的大国担当。要求牢固树立"绿水青山就是金山银山"理念，按照山水林田湖草沙冰是生命共同体系统工程理念，系统实施森林、草原、湿地、荒漠改善及水土保持等自然碳汇生态工程，增加自然碳汇。坚定不移走生态优先、绿色发展为导向的高质量发展新路子，把绿色生态优势转化为发展优势，把绿色生态产业打造为支撑国民经济发展的重要产业。

1. 碳汇生态基础

根据内蒙古的发展定位要求，内蒙古将建成我国北方重要的生态安全屏障，可为京津冀及周边地区大气污染防治提供更大的生态环境容量。

（1）为大气污染联防联控提供巨大的生态环境容量。作为生态屏障，内蒙古首先具有生态环境优势，拥有13亿亩草原、3.5亿亩森林、6000多万亩水面和湿地，草原、森林面积均居全国之首，不仅是祖国北方面积最大、种类最全的生态系统，而且是众多江河水系之源、北方大陆性季风必经之地和国家主要的林业、牧业基地。

（2）为大气污染联防联控提供巨大碳汇。内蒙古是碳汇大区，全区有13亿亩天然草原，固碳能力为1.3亿吨，相当于减少二氧化碳排放量6亿吨。内蒙古有5.6亿亩可利用的荒漠化土地，可种树1.2亿亩、种草2.8亿亩，可实现碳汇12亿吨。同时，内蒙古也是减碳潜力大区，全区风能资源总储量近9亿千瓦，居全国首位。大多数盟市具备建设百万千瓦甚至千万千瓦级风电场的条件。年日照时间为2600—3200个小时，居全国第二位，具备较好的建设太阳能基地的条件。

2. 碳汇建设项目

（1）温室气体自愿减排项目备案项目

2015年5月至2021年，经内蒙古自治区发展和改革委员会转报国家发展和改革委员会申请温室气体自愿减排项目备案项目共有9项，主要分布在呼伦贝尔市、兴安盟和鄂尔多斯市。项目总规模4191548.6亩，年均减排量为1259454吨二氧化碳当量。其中属于森林经营类型的为640275亩，年均减排量为99638吨二氧化碳当量；属于碳汇造林类型的为1236374.3亩，年均减排量为629095.2吨二氧化碳当量。截至2021年，备案项目第一计入期总减排量为37677889.2吨二氧化碳当量。项目具体情况如下。

①中国内蒙古森工集团根河森林工业有限公司碳汇造林项目

2005 年 5 月,中国内蒙古森工集团根河森林工业有限公司投资 7600 多万元对重度火烧迹地形成的无林地开展碳汇造林,造林规模为 205760.5 亩。项目地理位置主要适宜的树种为落叶松和白桦,有少量樟子松、云杉零散分布。造林区域内采用落叶松作为主要树种,这样造林郁闭成林后,与其他区域树种就形成了针阔混交林的森林群落,对整个施业区域内生态环境具有积极影响。

育苗采用本地落叶松种子,由公司中心苗圃培育苗木,选用经过 2 年培育的苗高 20 厘米,地径 0.3 厘米以上的Ⅰ、Ⅱ级优质苗木上山造林。第一计入期 20 年（2015 年 5 月 22 日至 2035 年 5 月 21 日）,预计减排量为 3619280 吨二氧化碳当量,年均减排量为 180964 吨二氧化碳当量。

②亿利资源集团内蒙古库布其沙漠造林项目

库布其沙漠是中国第七大沙漠,是距离首都北京最近的沙漠,也是京津冀三大风沙源之一。项目位于库布其沙漠北缘及腹部的杭锦旗,项目区土壤类型为沙漠及盐碱地。项目地绝大多数属于流动沙丘,基本无原有散生木。

按照适地适树的原则,主要选用耐干旱、耐贫薄、固沙和生态效益好的本地树种,如杨树、旱柳、沙枣、樟子松、沙柳、杨柴、花棒、梭梭、白柠条等,进行随机混交种植。选择地势平坦的丘间低地营造乔木防风固沙林,选择地势较为平坦丘间低地开阔、沙丘高度小于 5 米的流动沙地营造乔灌混交林,选择沙丘高度在 5—15 米的半固定、流动沙地、滩地覆沙地或梁地覆沙地营造灌木混交林。造林优先采用就地育苗或就近调苗,减少长距离运苗等活动造成的碳泄漏。

项目自 2005—2014 年累计完成造林 136123.19 公顷,预计第一计入期 20 年（2005 年 5 月 1 日至 2025 年 4 月 30 日）内,产生 6675992 吨二氧化碳当量的减排量,年均减排量为 333800

吨二氧化碳当量。

③内蒙古红花尔基退化土地碳汇造林项目

内蒙古红花尔基退化土地碳汇造林项目位于东经 119°49′49″—122°4′15″，北纬 46°22′25″—46°49′36″。项目总投资 1450 万元。建设规模 125233 亩，主要建设内容：营造棒子松纯林。为了减少苗木运输所引起的碳泄漏，项目选用当地育苗。所有樟子松苗木必须经过当地种苗站的质量检查以及经过旗森林病虫害防治站的病虫害检疫。选择 4 年生、地径大于 0.8 厘米的苗木。

第一计入期 40 年（2009 年 4 月 25 日至 2048 年 4 月 24 日），预计减排量为 1247760 吨二氧化碳当量，年均减排量为 31194 吨二氧化碳当量。

④内蒙古克一河森林经营碳汇项目

内蒙古克一河森林经营碳汇项目位于大兴安岭中部东坡，隶属于呼伦贝尔市鄂伦春自治旗。地理位置为东经 122°13′00″—123°00′30″，北纬 50°09′00″—50°46′52″。

项目总投资估算为 6534.33 万元。项目规模 18752 公顷。森林经营活动包括补植补造、树种更替、林分抚育采伐、树种组成调整、复壮和综合措施等经营方式。

项目第一计入期 60 年（2006 年 1 月至 2065 年 12 月）。预计产生 2424618 吨二氧化碳当量的减排量，年均减排量为 40410 吨二氧化碳当量。

⑤内蒙古乌尔旗汉森林经营碳汇项目

内蒙古乌尔旗汉森林经营碳汇项目位于大兴安岭西坡中部，隶属于呼伦贝尔市，地理位置为东经 121°12′25″—122°50′43″，北纬 49°15′04″—49°58′30″。

项目总投资估算为 8231.85 万元。项目规模 23933 公顷。森林经营活动包括补植补造、树种更替、林分抚育采伐、树种组成调整、复壮和综合措施等经营方式。

项目第一计入期 60 年（2006 年 1 月 1 日至 2065 年 12 月 31 日），预计产生 3553669 吨二氧化碳当量的减排量，年均减排量为 59228 吨二氧化碳当量。

⑥扎赉特旗碳汇造林项目

扎赉特旗碳汇造林项目由内蒙古森发林业开发（集团）有限公司牵头吉日根林场、杨树沟林场、小城子林场、额尔图林场、中心林场、神山林场 6 个林场和巴尔达胡、绰勒巴彦扎拉嘎、胡尔勒镇西胡尔勒嘎查等镇村区域对荒山荒地区域开展碳汇造林项目，造林规模为 18203.43 公顷。项目总投资约人民币 21844.116 万元。项目造林树种以杨树为主，柳树、云杉及樟子松为辅，按适地适树的原则设置树种配比。设计密度以 1665 株/公顷、2220 株/公顷以及 2500 株/公顷为主。项目以公司自行育苗为主，辅以部分采购。

项目第一计入期 20 年，预计产生 3938417.25 吨二氧化碳当量的减排量，年均减排量为 196920.86 吨二氧化碳当量。

本项目自 2005 年 4 月 20 日开始投产，运行状态良好。

⑦满归碳汇造林项目

项目位于满归森工公司生态功能区，分别有白马林场孟库佩河湾林场、高腿场、北岸林场、格林林场和阿鲁自然保护区。项目于 2005 年 5 月 1 日对 196420.8 亩现有森林开展造林项目活动。预计在 60 年的计入期内产生 1181.9 万吨二氧化碳当量的减排量，年均 196985 吨二氧化碳当量。

（2）营造林发展趋势

根据《内蒙古自治区林业厅关于下达 2016—2018 年营造林生产滚动计划的通知》中的生产计划要求，全区 2016—2018 年营造林任务总量为 6828 万亩。

3. 生态屏障建设

以构筑祖国北方重要生态安全屏障为目标，内蒙古各级党委政府自觉增强责任感、使命感，坚持把加强生态保护与建设作为推进绿色发展、增强人民福祉的重要举措。在国家大力支持下，持续推进京津风沙源治理、"三北"防护林建设、天然林资源保护、退耕还林还草、退牧还草、重点区域绿化、坡耕地综合治理、水土保持等生态保护修复工程，积极落实完善生态保护奖补政策，全区生态实现了"整体遏制、局部好转"的良好局面，祖国北方重要生态安全屏障逐步构建。

林业保护方面。内蒙古自治区深入推进国有林区林场改革，组建了大兴安岭国有林管理机构，全面停止森工集团、岭南八局和 102 个林场的木材商业性采伐，年停伐量 110 万立方米，每年减少森林消耗 201 万立方米。深入实施天然林资源保护、"三北"防护林、退耕还林工程，开展公路、城镇、村屯、矿区园区、黄河两岸、大青山前坡六大重点区域绿化。截至 2017 年年底，森林面积提高到 3.73 亿亩，居全国第 1 位；活立木蓄积量增长到 14.84 亿立方米，居全国第 5 位；森林覆盖率达 21.03%；森林植被总碳储量 8.05 亿吨。

草原保护方面。内蒙古自治区修订基本草原保护条例，制定了禁牧和草畜平衡工作监督管理办法，建立起了阶段性禁牧、休牧、划区轮牧和草畜平衡、基本草原保护、草原生态监测评估制度。自治区将 10.2 亿亩可利用草原全部纳入保护范围，禁牧休牧 4.05 亿亩、草畜平衡 6.15 亿亩，每年完成草原建设 4500 万亩以上。截至 2017 年，草原植被盖度达 44%，生物量和生物多样性明显提高，草原退化沙化面积较"十二五"时期减少 671.3 万亩，已接近 20 世纪 80 年代中期最好水平。

风沙防治方面。内蒙古自治区印发了《京津风沙源治理二期工程建设管理办法》，继续实施京津风沙源治理二期工程，开展生态移民和沙化土地植被恢复保护工作。2012 年以来累计完成防沙治沙面积 7100 多万亩，完成水土流失综合治理面积 4087 万亩，全区荒漠化土地减少 625 万亩，沙化土地减少 515 万亩，减少面积居全国首位。2013—2017 年全区每年平均沙尘暴日数降低到 0.5 天。2016—2017 年，每年完成水土流失治理面积 650 万亩以上，年减少入黄河泥沙 1.1 亿吨；荒漠化和沙化土地分别减少 625 万亩和 515 万亩，均居全国首位，沙区植被年防风固沙量 15.92 亿吨、年滞尘量 709.53 万吨，五大沙漠扩展现象得到遏制，五大沙地向内收缩。

湖泊和湿地保护方面。内蒙古自治区积极推动呼伦湖、乌梁素海、岱海等水生态综合治理和湿地保护工程实施。全面推行河长制，落实各级河长 6414 人，自治区层面 5 条主要河流、3 个主要湖泊实行了"一河一策"管理保护，2017 年全区重要江河湖泊水功能区水质达标率为 66%，比 2013 年提高 34 个百分点。全面实施湿地保护、退耕还湿等工程，建立起较为完善的湿地生态监测和管理体系，全区 25% 的重要湿地得到有效保护。

4. 生态补偿制度方案

内蒙古高度重视生态补偿机制建设，近年来内蒙古自治区党委、政府先后印发出台了《内蒙古自治区推进生态文明的实施意见》（内党发〔2015〕16 号）、《关于健全生态保护补偿机制的实施意见》（内政发〔2016〕183 号），提出到 2020 年实现森林、草原、湿地、荒漠、水流、耕地等重点领域和禁止开发区、重点生态功能区等重要区域实现生态保护补偿全覆盖，补偿水平与经济社会发展相适应；探索建立起跨地区、跨流域的补偿试点，多元化补偿机制初步建立，生态文明建设迈上新台阶。

2013 年以来，内蒙古在增加森林碳汇、草原碳汇、减少荒漠面积领域积极建立完善生态补偿机制，累计投入补偿资金306.96 亿元。

（1）森林方面

国家级森林生态效益补偿方面，内蒙古于 2004 年首批纳入国家补偿实施范围,现实施国家级公益林补偿15485.16万亩,其中,国有公益林面积5360.52万亩,集体公益林面积10124.64万亩。补贴标准为国有公益林每亩10元,集体公益林每亩15元。2013—2017年累计补贴资金94.16亿元。内蒙古公益林补偿方面,现已实施面积500万亩,补助标准为每亩3元,2013—2017年投入补偿资金7500万元。2016年起,内蒙古全面停止天然林的商业性采伐,安排全面停伐补助资金20.84亿元,聘用生态林员人数47314人,其中建档立卡贫困人口8000人。

按照《关于健全生态保护补偿机制的实施意见》,到2020年,内蒙古将全面完成林地和森林红线划定工作。积极争取将符合标准的退耕还林、防护林、重点区域绿化等公益林建设成果纳入国家公益林范围;继续完善内蒙古地方森林生态效益补偿基金制度,扩大地方公益林补偿面积,并根据内蒙古财力适时调整补偿标准,争取全区所有的公益林逐步纳入国家和内蒙古补偿范围内。鼓励各地区通过招标等方式,选择经营公司完成造林、管护等生产任务;条件成熟时,将防火、扑火等服务一并纳入政府购买服务范畴。积极推动大兴安岭原始林区建立国家公园。

(2)草原方面

2010年,国务院决定在全区实施草原生态保护补助奖励机制,现实施禁牧、草畜平衡面积10.16亿亩。其中,禁牧任务4.049亿亩,草畜平衡任务6.151亿亩。2013—2017年,国家累计安排草原补助奖励资金212.8亿元。退牧还草工程顺利实施,2013—2017年累计实施建设任务3561万亩,安排退牧还草补助资金15.1亿元。

按照《关于健全生态保护补偿机制的实施意见》,到2020年,内蒙古将全面完成基本草原划定任务,制定全区基本草原分布图,加快推进草原红线划定工作。积极落实草原确权承包工作，建立健全草原承包经营运行机制。继续推行和完善阶段性禁牧、休牧、划区轮牧、草畜平衡制度和基本草原保护制度、草原生态监测评估制度等多项制度。制定《内蒙古自治区草原生态保护补助奖励政策实施方案（2016—2020年）》，合理调整禁牧和草畜平衡面积，制定相对公平合理的兑现标准。稳步推进草牧业试验试点工作，探索建立生态草牧业试验区。优先将符合条件的无畜户、贫困户充实到当地的草原管护公益岗位，探索建立政府购买草原管护等服务。积极争取将全区部分草原面积较大的旗县（市、区）纳入退牧还草工程实施范围，加大对人工饲草地、舍饲棚圈和入侵毒害草的治理力度，制定内蒙古退牧还草工程补助兑现标准。

（3）荒漠方面

近年来，内蒙古大力实施京津风沙源治理、沙化土地封禁保护等工程，实施沙化土地封禁面积13.32公顷。据内蒙古第五次荒漠化沙化监测，全区现有沙化土地面积4078.79万公顷，减少34.33公顷，减少面积居全国首位。内蒙古自治区研究制定《内蒙古自治区沙化土地封禁保护制度方案》，出台土地流转、信贷、技术等支持政策，鼓励社会力量参与荒漠防治。探索建立政府购买治理荒漠服务的机制。实施好新巴尔虎左旗等国家沙化土地封禁保护区项目。

5. 增加生态系统碳汇计划

"十四五"时期是内蒙古加强森林资源培育、增加森林碳汇的关键时期。以筑牢我国北方重要生态安全屏障为目标，按照内蒙古"一区两带"（黄河重点生态区、东北森林带和北方防沙带）总体布局，开展大规模国土绿化行动，切实强化森林保护与修复，不断提升森林质量。支持乡村绿化美化行动，全面推进森林城市群和森林城市建设。创新义务植树机制，引导全社会广泛参与到国土绿化中，持续推进"互联网＋全民义务植树"。不断加强林木种苗培育和退化林修复，实施精准提升森林质量工程，全面加强森林经营。强化森林资源管理，严格控制乱征乱占林地等毁林活动。科学规划森林采伐作业，强化对森林中可燃物的管理，建立森林火灾、病虫害预警系统，减少源自森林破坏和灾害的碳排放。鼓励通过碳中和、碳普惠等形式支持林业碳汇发展。到 2025 年，全区森林蓄积量达到 15.5 亿立方米，森林覆盖率达到 23.5%，全区森林质量稳步提升，生态状况进一步改善，碳汇等生态功能不断增强。

持续改善草原生态环境，增加草原碳汇。组织实施好退耕还草、重点区域草原生态保护和修复专项工程，用好国家草原生态修复治理补助资金，完善草原生物灾害监测预警体系，不断提升生物灾害防控能力，采取禁牧封育、免耕补播、切根施肥、飞播和有害生物防控等技术措施，因地制宜开展草原生态保护修复治理，加快草原生态恢复，提升草原生态服务功能。严格落实草畜平衡和禁牧休牧制度，严格管控草原资源开发利用，严厉打击破坏草原违法行为，确保草原资源科学永续利用。加强草原碳汇相关基础课题研究，正确认识草原碳汇功能，提升全社会对草原碳储量和碳汇功能的认知度，统筹草原和森林碳汇各项工作，积极开展林草结合型国土绿化行动。到 2025 年，全区草原综合植被盖度稳定在 45%，草原退化趋势得到有效遏制，草原生态持续改善。

五 内蒙古能源消费和碳排放控制重点企业及盟市分解方案

内蒙古作为我国重要的能源基地，发展经济与节能降碳两方面的矛盾日益突出。因此，实行能源消耗总量和强度"双控"行动，从源头上减少污染物和温室气体排放，是倒逼经济发展方式转变，提高内蒙古经济发展绿色水平的迫切需求。本部分研究在保证自治区能完成国家下达的节能降碳指标目标的前提下，本着公平公正、共同承担、区别对待的原则，在充分考虑内蒙古各盟市经济发展水平、产业结构、能源结构等差异的基础上，探索内蒙古能耗"双控"及碳排放强度下降率盟市分解方法及企业分解方法，并将能耗"双控"目标及碳排放强度作为"十四五"时期的约束性指标进行分解，落实至各盟市及重点用能企业。

（一）内蒙古能耗"双控"及二氧化碳排放强度下降率盟市分解方法

2020 年全国碳排放总量约 100 亿吨二氧化碳，单位 GDP 碳排放约 1 吨，人均碳排放约 7 吨。2020 年，内蒙古碳排放达 6.3 亿吨左右，居全国第四，单位 GDP 碳排放和人均碳排放接近全国平均水平的 4 倍，主要原因是发展方式"倚能倚重"，产业结构重型化、能源结构高碳化的特征明显，能源和原材料工业及高耗能高排放行业存量大、比重高，可再生能源成为主体基础能源仍待发展，对冲降碳作用尚不充分。自治区碳排放总量大、能源供给仍在增长、火电领域脱碳困难，实现"双碳"（碳达峰、碳中和）目标面临更多困难和更大挑战。

内蒙古自治区层面，一是碳排放仍将刚性增长。内蒙古经济社会尚处于工业化、城镇化快速发展阶段，经济发展水平偏低，未来随着经济发展、人口增长、城市化推进，碳排放仍将呈增长趋势。2020 年，全区碳排放强度较 2015 年不降反升，上升 13.86% 左右，对标国家 2030 年碳强度下降 65% 的目标任务，面临着还欠账、赶进度、控总量、降强度的多重压力。二是面临结构性碳锁定效应。全区钢铁、建材、化工等六大高耗能行业的碳排放占全区排放总量的比重高达 80%；能源结构"一煤独大"问题突出，煤炭消费占比高出全国 25.2 个百分点，导致单位能源（吨标准煤）消费碳排放高达 2.29 吨。产业和能源结构短期内难有较大转变，高能耗、高碳化发展路径依赖明显，控温降碳面临较大结构性压力。三是工作基础仍然薄弱。应对气候变化是一项战略性、全局性和系统性的工作，全区在中长期绿色循环低碳发展及碳达峰、碳中和目标实现方面缺乏战略性规划指引，各类低碳相关政策亟须加快供给，部门协同机制有待加快建立健全，考核评价刚性约束有待加强，试点示范引领作用还不充分，治理体系和治理能力仍有短板。

作为欠发达地区，尽管国家依据发展水平，在节能降碳指标方面给予了适当倾斜，但内蒙古因长久以来产业结构、能源结构以及发展定位等原因，"十四五"时期的节能降碳压力仍然较大；另外，由于内蒙古各盟市发展水平不同，对于降碳指标的需求也有一定差异。因此，如何在保证全区经济稳定增长的前提下，科学、合理、均衡分解各盟市二氧化碳排放强度指标就显得尤为重要。

本部分根据内蒙古的实际情况，结合因素分析法及专家打分法探索研究内蒙古能耗"双控"及二氧化碳排放强度下降率盟市分解制度，并将能源消费总量、能耗强度及碳排放强度作为"十三五"时期约束性指标进行分解、落实至各盟市，以期为"十四五"时期的"双碳"目标提供经验借鉴。

1. 分解思路

（1）能耗"双控"目标盟市分解

能耗"双控"目标盟市分解是指在完成内蒙古全区能耗"双控"目标的基础上，按照各盟市的实际情况，依据公平公正原则，将内蒙古全区能耗"双控"指标分解到 12 个盟市的过程，即不同的盟市承担不同的能耗总量控制目标及能耗强度下降率目标。

能源消耗"双控"指标分解遵循如下原则：一是经济发展水平较高的盟市相应承担更多的任务，对经济相对落后的盟市予以适当政策倾斜，保证其经济有序发展，从而促进全区协调可持续发展。二是对化石能源使用较多、能耗和碳排放强度高以及具备较大减排潜力的盟市提出更高的要求，倒逼其进行能源结构调整、经济转型升级。三是对新建重大项目能耗需求大的盟市，给予适当宽松的能耗"双控"指标。四是对生态文明先行示范区、大气污染防治重点地区和低碳城市试点（内蒙古拥有呼伦贝尔市和乌海市两个国家级低碳试点城市），适当"加码"任务，促使其提高经济发展的绿色化水平。

（2）二氧化碳排放强度下降率盟市分解

二氧化碳排放强度下降率盟市分解是指在完成内蒙古全区二氧化碳排放强度下降指标的基础上，按照各盟市实际情况，将内蒙古全区碳排放下降指标分解到 12 个盟市的过程，即不同的盟市承担不同的碳排放强度下降率目标。

由于能耗强度下降指标与碳强度下降指标之间存在一定的对应关系，因此，本部分参照能耗下降率的分解方法对内蒙古全区各盟市二氧化碳排放强度的下降指标进行分解。

2. 分解指标选取

分解指标主要依据各盟市的经济发展水平、产业结构、能耗水平、节能潜力以及能耗需求五方面进行选取，这些内容基本可以反映各盟市目前所处的发展阶段及未来的发展需求。确定了指标类型体系，就可以对具体分解指标进行分析选取。由于上述五类指标体系中所包含的指标项过于庞大，若选用过多的数据源进行分析，需要大量复杂的计算。另外，各项指标并非单一存在，总是或多或少存在一定的相关性。因此，分解指标主要选取每类指标体系中最具代表性的数据进行分解分析。经过各方面的综合考量，最终选取各盟市 GDP 占全区比重、人均 GDP、工业增加值比重、高耗能行业增加值比重、单位 GDP 能耗、人均能耗、新建重大项目能耗比重 7 项评价指标作为数据源进行分析。

表 5 - 1　　　　　内蒙古能耗"双控"及碳排放强度下降指标体系

	评价指标选取	数据来源
经济发展水平	GDP 占全区比重（％）	《内蒙古统计年鉴》
	人均 GDP（万元/人）	《内蒙古统计年鉴》
产业结构	工业增加值比重（％）	《内蒙古统计年鉴》
	高耗能行业增加值比重（％）	《内蒙古统计年鉴》
能耗水平/节能潜力	单位 GDP 能耗（吨标准煤/万元）	《内蒙古统计年鉴》
	人均能耗（吨标准煤/人）	《内蒙古统计年鉴》
能耗需求	新建重大项目能耗比重（％）	《内蒙古统计年鉴》

3. 分解方法

内蒙古自治区能耗强度降低指标选用因素分解法结合打分法进行分解分析，能耗增量指标按照与能耗强度控制目标相对应的原则进行分解。由于节能与降碳的高度相关性，在能源强度降低指标基础上加上一个调整量即得到碳排放强度下降指标。因此，以能源强度降低指标分解方法为依据，对内蒙古"十三五"时期各盟市的二氧化碳排放强度下降指标进行分解。

（1）排序打分

采用因素排序、聚类分解的形式，分别选取各盟市 GDP 占全区比重、人均 GDP、工业增加值比重、高耗能行业增加值比重、单位 GDP 能耗、人均能耗和新建重大项目能耗比重 7 项指标进行归一化处理，之后对处理结果进行排序打分。按照每项指标对应评分标准进行打分，越接近评分标准得分越高，从 12分至 1 分依次递减。例如，鄂尔多斯市 2015 年全市 GDP 占全区比重为 21.5%，为全区 12 个盟市之首；依照该项指标"经济发展水平高"的评分标准，鄂尔多斯市在 GDP 占全区比重这项评价指标中得分最高，计为 12 分。相反，阿拉善盟 2015 年全盟GDP 占全区比重仅为 1.6%，依照评分标准，阿拉善盟在该项评价指标中得分最低，计为 1 分。其余各项指标以此类推，分别对应不同评分标准进行排序打分。

表 5 - 2　　　　　　　　　　　排序打分评价标准

	排序评分标准
GDP 占全区比重（%）	经济发展水平高
人均 GDP（万元/人）	
工业增加值比重（%）	产业结构好
高耗能行业增加值比重（%）	
单位 GDP 能耗（吨标准煤/万元）	节能潜力大
人均能耗（吨标准煤/人）	
新建重大项目能耗比重（%）	能耗需求小

（2）确定权重

权重是反映各个指标在综合指标体系中的差异程度和对其

他指标影响程度的变量。合理的权重分配要从整体优化目标出发,客观反映各个指标不同的重要程度。采取主观赋权、专家打分的方法确定各项指标权重。主观赋权能够将复杂问题简单化,充分体现各领域专家长期积累的知识经验,并根据实际情况和环境变化迅速调整,灵活性和针对性较强。经综合考量,选取的各盟市 GDP 占全区比重、人均 GDP、工业增加值比重、高耗能行业增加值比重、单位 GDP 能耗、人均能耗、新建重大项目能耗比重 7 项指标分别赋予权重值 15%、15%、15%、15%、15%、15%、10%。

表 5 - 3 各项指标权重值

	赋予权重
GDP 占全区比重(%)	15%
人均 GDP(万元/人)	15%
工业增加值比重(%)	15%
高耗能行业增加值比重(%)	15%
单位 GDP 能耗(吨标准煤/万元)	15%
人均能耗(吨标准煤/人)	15%
新建重大项目能耗需求比重(%)	10%

(3)汇总定档

对每项评价指标加权汇总后得出各盟市总分,之后再结合生态文明建设、污染防治等因素进一步确定各盟市所属档位。

盟市"十三五"时期能耗强度控制目标初步分为 5 档,对应下降指标分别为 16%、15%、14%、13%、12%。

盟市"十三五"时期碳排放强度控制目标也分为 5 档,对应下降指标分别为 18%、17.5%、17%、16%、15%。

根据各盟市的加权汇总得分,从高到低对其进行定档,得分高的盟市对应较高的下降指标,依次类推,最终确定各盟市能耗强度及二氧化碳排放强度的降低目标。

（4）各盟市分解指标

以 2015 年的数据为基础，按照上述方法进行目标分解，最终得到内蒙古各盟市"十三五"时期的二氧化碳排放强度下降率分解指标。鄂尔多斯市、包头市由于经济发展水平高，能耗强度和人均能耗相对较高，又是国家生态文明先行示范区，故指标汇总得分较高，需承担较高的二氧化碳排放强度降低任务，两市的碳减排强度指标均为 18%。乌兰察布市、兴安盟由于经济发展水平相对滞后，且能耗强度相对较低，为支持其发展，故给予相对宽松的碳排放强度降低任务，碳减排强度指标分别为 16% 和 15%。具体分解指标详见表 5-4 和表 5-5。

表 5-4　内蒙古各盟市"十三五"时期能耗强度、碳排放强度目标分解因素指标打分表

	指标汇总得分	指标因素分析
鄂尔多斯市	7.90	经济发展水平高、高耗能行业比重高、人均能耗高、国家生态文明先行示范区
包头市	7.55	经济发展水平高、产业结构好、能耗强度和人均能耗相对较高、国家生态文明先行示范区
乌海市	7.15	经济发展水平较高、能耗强度和人均能耗高、大气污染防治重点地区、国家生态文明先行示范区
呼伦贝尔市	6.95	产业结构较好、能耗需求小
阿拉善盟	6.75	人均 GDP 高、能耗强度和人均能耗高、能耗需求小
呼和浩特市	6.70	经济发展水平较高、产业结构好、能耗强度低、节能空间小

续表

	指标汇总得分	指标因素分析
赤峰市	6.30	经济总量较大、产业结构较好、能耗需求相对较小
巴彦淖尔市	6.15	经济发展水平和人均能耗相对较低、节能潜力有限,国家生态文明先行示范区
通辽市	5.85	产业结构相对重型化、新建项目能耗需求较大
锡林郭勒盟	5.60	工业比重高、能耗强度相对较低、新建项目能耗需求较大
乌兰察布市	5.60	经济发展水平低、高耗能行业比重大
兴安盟	5.50	经济发展滞后、能耗水平较低

表 5 – 5　　　　　内蒙古各盟市"十三五"时期能耗强度、
　　　　　　碳排放强度降低目标分解表　　　（单位:%）

	能耗强度降低目标	碳排放强度降低目标
内蒙古全区	14	17
呼和浩特市	14	17
包头市	14	18
呼伦贝尔市	16	17.5
兴安盟	15	15
通辽市	12	16
赤峰市	13	17
锡林郭勒盟	14	16
乌兰察布市	13	16
鄂尔多斯市	13	18
巴彦淖尔市	16	17
乌海市	14	17.5
阿拉善盟	15	17.5

（二）能耗"双控"及二氧化碳排放强度下降率重点企业分解方法

进入"十四五"时期以后，随着"双碳"工作的日益推进，内蒙古自治区大多数企业相比"十三五"时期，更加重视节能降耗减碳工作。大多数企业能不断完善前期设立的节能减排工作机构与相应的规章制度，能更加有效地运用技术、管理与政策的综合手段以市场为导向开展节能降耗减碳工作，节能降耗减碳方面的专项资金投入将普遍高于"十三五"时期的水平；但是，不同地区间、行业间、企业间开展节能降耗减碳工作及成效存在很大的差异。重点用能单位能源消费量占全区能源消费总量的比重超过一半，二氧化碳排放量占全区二氧化碳比重也远超 50%。重点用能单位是全区开展节能降耗减碳工作的重点，抓好重点用能单位节能降耗减碳管理工作，是实现"十四五"时期内蒙古单位 GDP 能耗降低 15.5%、单位 GDP 二氧化碳排放降低完成国家下达目标等约束性指标的重要支撑和保证。

1. 企业范围

纳入重点用能单位"百千万"行动实施范围的包括工业、建筑、交通运输、商贸流通、公共机构等领域的重点用能单位，即本地区综合能源消费量 10000 吨标准煤以上的用能单位和国务院有关部门或内蒙古自治区发改委指定的综合能源消费量 5000 吨以上不满 10000 吨标准煤的用能单位。

2. 分解思路

在指标分解分配上，一是要体现地区间的差异，所有用能单位指标按照属地管理进行，要在考虑地区间发展差异的基础上进行指标分配。即要根据内蒙古各盟市经济基础的不同设定不同的基数和年度目标降低率，兼顾区域发展经济的需要。二是要体现行业差异，不同的行业有着不同的能源消费水平、环境影响程度及节能减排的目标任务，要在充分体现行业的优胜劣汰、体现国家的产业政策导向的基础上进行指标分配。三是在同一行业中要体现企业差异，要根据基础水平和潜力空间设定指标，不搞"一刀切"、不搞"快马加鞭"，为企业可持续发展保持竞争活力。

此外，在指标的量级标准上，既要体现行业水平的先进性，又要兼顾企业的历史水平，为企业的创新发展预留必要的空间；在指标划分时段上，要贯彻"前后均衡、有效控制"的原则，避免"前松后紧"或"前紧后松"；在指标的评价考核上，既要实施行业间的纵向评估，亦要实施条块间的横向考核，分别制订同类别的考核标准，便于企业间、行业间的比较及激励，充分发挥标杆的榜样作用；在指标的下达方式上，运用"五年滚动、年度修正"法，即规划目标五年总体下达、每年根据上年实绩（及特殊情况）修正。这样既保证节能降耗减碳总量不变，又兼顾实际、灵活结合。同时积极鼓励可再生能源的生产和使用，用能单位自产自用可再生能源不计入其综合能源消费量。

3. 指标选取

工业企业能耗指标以万元产值能耗下降率（现价）来考核。电力行业企业，考虑其行业的特殊性，产量和电价目前由政府计划性控制，为直观反映其能源消耗情况，按产品单耗的下降率来考核。交通运输企业能耗指标以单位运输周转量能耗下降率来考核。建筑、商贸、公共机构的企事业单位能耗指标以建筑面积能耗下降率来考核。

表5-6　　内蒙古各领域能耗"双控"及碳排放强度下降指标体系

	能耗强度下降指标	碳排放强度下降指标
工业（不含电力）	万元产值能耗下降率	万元产值碳排放强度下降率
电力企业	单位产品能耗下降率	单位产品碳排放强度下降率
交通运输	单位运输周转量能耗下降率	单位运输周转量碳排放强度下降率
建筑、商贸、公共机构	单位建筑面积能耗下降率	单位建筑面积碳排放强度下降率

4. 分解方法

（1）地区差异指标

充分考虑企业所在地的经济发展权，将企业能耗强度、碳排放强度下降目标与所在盟市目标结合起来，在盟市能源强度、碳排放强度降低指标的基础上加上一个调整量，即得到企业能源强度、碳排放强度下降指标。

（2）行业差异指标

落实国家产业政策，区分产能过剩行业和其他行业，对产能过剩行业从严要求。

表5-7　　　　　　　　　内蒙古行业系数指标

	产能过剩行业系数	其他行业系数
行业差异指标	1.1	1.0

（3）企业差异指标

充分考虑企业能效水平，区分节能标杆企业及其他企业单位产品能耗先进指标体系，借助能效先进企业的示范作用，通过设置不同指标，推动其他企业向先进企业学习，不断提升能效水平，促进节能减排。

表5-8   内蒙古企业能效系数指标

	能效先进水平企业	能效平均水平企业	能效落后水平企业
企业能效水平系数	0.9	1.0	1.1

（4）计算公式：

企业能耗强度下降率 = 所在盟市能耗下降率 * 企业能效水平系数 * 行业差异系数

企业碳排放强度下降率 = 所在盟市碳排放下降率 * 企业能效水平系数 * 行业差异系数

（三）结论与建议

内蒙古自治区作为能源消耗大区，在当前形势下，"高耗能""高排放"是完成"十四五"节能目标、温室气体控制目标的瓶颈，"节能降碳"势在必行。因此，如何促进高质量发展、抓住供给侧结构性改革的机遇，努力促进全区经济转型、产业结构优化、资源高效利用，最终实现全区碳排放强度降低的目标将是未来工作的重中之重。基于上述研究，针对内蒙古提出几点建议。

1. 完善政策体制建设

坚持"双碳"引领，统筹推进。以碳达峰、碳中和目标为引领，强化减缓与适应并重，处理好发展和降碳、整体和局部、短期和中长期、政府和市场、强度与总量的关系，倒逼产业结构、能源结构、生产生活方式变革，增加森林草原生态系统碳汇，有效控制温室气体排放。建立健全碳排放权交易机制，深化低碳园区和气候适应型、低碳城市试点示范，大力推进应对气候变化投融资的发展。建立健全地方性节能降碳法律法规，完善财政税收、价格收费政策，积极参与全国碳交易，探索建立节能量交易或用能权交易制度，用市场化手段促进节能降碳。加大绿色金融体系建设力度，支持绿色债券、绿色信贷市场发展，通过政府资金引导金融机构、社会资本广泛投入节能降碳重点工程建设。

2. 构建多元化能源供应方式

立足于现有产业基础，加快形成多种能源协同互补、综合利用、集约高效的供能方式。坚持大规模外送和本地消纳、集中式和分布式开发并举，推进风光等可再生能源高比例发展，重点建设包头、鄂尔多斯、乌兰察布、巴彦淖尔、阿拉善等千万千瓦级新能源基地。到 2025 年，新能源成为电力装机增量的主体能源，新能源装机比重超过 50%。推进源网荷储一体化、风光火储一体化综合应用示范。实施控煤减碳工程，有序释放煤炭先进产能。加快推动用能权交易和碳排放交易，建立碳排放强度考核机制。依托鄂尔多斯和乌海燃料电池汽车示范城市建设，发展规模化风光制氢，探索氢能供电供热商业模式，建设绿氢生产基地。加快发展重水堆、压水堆、高温堆等核电燃料制造，建设包头核科技创新示范产业园，推动核燃料民用化发展。

3. 推进产业优化转型升级

立足能源资源优势，围绕碳达峰、碳中和等应对气候变化中长期目标，强化能耗"双控"，倒逼产业结构转型升级。加快用高新技术和先进适用技术改造传统产业和传统企业，推进延链补链扩链，推动传统产业高端化、智能化、绿色化发展。加快推进传统产业转型升级，大力发展第三产业，促进高技术含量、高附加值的新兴产业发展。推动能源结构优化，实现煤炭的清洁高效利用，并增加天然气在能源消费中的比重。同时，立足自身区位优势，大力开发零碳排放的风能、太阳能等清洁能源。另外，结合市场需求状况，着力从供给端加大改革力度，实现有效供给，淘汰、消化过剩产能，避免供需错位，实现供需基本平衡。探索重点行业碳排放达峰路径，积极构建低碳能源体系，重点控制电力、钢铁、化工、建材、有色等工业领域的排放，有效降低建筑、交通运输、农业、商业和公共机构等重点领域的排放，推动地方和重点行业落实自主贡献目标。提高城乡基础设施、农业林业和生态脆弱区适应气候变化的能力。

4. 增加技术研发力度

加大新技术研发投入力度，着重在工业、建筑业、交通运输业等重点领域进行节能降碳新技术优化升级。政府积极为企业解决实际问题，对推行节能技术改造的企业在资金、政策、税收方面予以大力支持。同时，严格执行相关标准，对效率低下、技术落后、污染严重的企业，给予严厉惩罚。

开展应对气候变化的基础性科学研究，建设气候变化数据库，强化气候变化事实分析及影响评估，加强对碳达峰、碳中和背景下内蒙古实施路径的研究。建立政产学研用有效结合机制，引导企业、高校、科研院所等根据自身优势建立低碳技术创新联盟，加快绿色低碳技术研究和规模化应用。集中力量开展能源、工业、交通、建筑、农牧业等重点领域低碳前沿应用技术研究，实施一批自治区重大示范应用工程。支持传统产业推广应用减污降碳技术，加快发展高效安全储能和碳捕集技术，推广氢能技术发展和规模化应用。

5. 树立绿色生活理念

大力宣传节能减排政策，鼓励大家低碳出行，促进慢行快速交通基础设施建设，减少家用小汽车的使用。支持民众对新能源汽车的购买，设立专项资金用于相关购车补贴，同时加大绿色便民充电桩的建造数量，方便新能源汽车的使用。加强信息共享，及时发布应对气候变化工作的最新进展情况，提高社会各界的关心重视程度。充分发挥党政机关的示范表率作用，深入贯彻中央厉行勤俭节约、反对铺张浪费的精神，严格落实各项节约措施，打造节约型机关，在垃圾分类、坚决抵制餐饮浪费行为等方面走在前、作表率。组织开展"六·五"环境日、生态文明建设宣传周、节能宣传周、全国低碳日、世界气象日、全国防灾减灾日等主题宣传活动，倡导简约适度、绿色低碳的生产生活方式，推动形成节能低碳、崇尚绿色生活的社会氛围。

主要参考文献

习近平：《决胜全面建成小康社会 夺取新时代中国特色社会主义伟大胜利——在中国共产党第十九次全国代表大会上的报告》，《人民日报》2017年10月28日。

《新时代的中国能源发展》，《人民日报》2020年12月22日。

《中共中央 国务院关于完整准确全面贯彻新发展理念做好碳达峰碳中和工作的意见》，《人民日报》2021年10月25日。

《中共中央 国务院关于加快推进生态文明建设的意见》，《人民日报》2015年5月6日。

《中国应对气候变化的政策与行动》，《人民日报》2021年10月28日。

国家发展和改革委员会应对气候变化司编著：《2005中国温室气体清单研究》，中国环境出版社2014年版。

陈泮勤等：《中国陆地生态系统碳收支与增汇对策》，科学出版社2008年版。

戴彦德等：《2050年中国能源和碳排放情景暨能源转型与低碳发展路线图》，中国环境出版社2017年版。

李怒云：《中国林业碳汇（修订版）》，中国林业出版社2016年版。

王晓磊：《内蒙古自治区碳排放峰值预测及综合控制策略研究》，博士学位论文，中国地质大学（北京），2017年。

王仲颖：《合理控制能源消费总量》，中国计划出版社2014

年版。

魏一鸣等:《中国能源报告(2008):碳排放研究》,科学出版社 2008 年版。

杨玉峰等:《内蒙古自治区能源经济发展战略规划研究报告》,清华大学出版社 2018 年版。

于贵瑞等:《中国生态系统碳收支及碳汇功能》,科学出版社 2013 年版。

中国尽早实现二氧化碳排放峰值的实施路径研究课题组编:《中国碳排放:尽早达峰》,中国经济出版社 2017 年版。

中国科学院地理科学与资源研究所能源战略研究小组:《中国区域结构节能潜力分析》,科学出版社 2007 年版。

中国能源中长期发展战略研究项目组:《中国能源中长期(2030、2050)发展战略研究》,科学出版社 2011 年版。

中国社会科学院城市发展与环境研究所项目组:《内蒙古发展定位研究——京津冀及周边地区大气污染联防联控》,中国社会科学出版社 2015 年版。

周大地:《2020 中国可持续能源情景》,中国环境出版社 2003 年版。

庄贵阳:《内蒙古自治区煤炭资源就地转化政策研究》,中国社会科学出版社 2016 年版。

朱守先，博士，中国社会科学院生态文明研究所人居环境研究中心执行研究员，研究方向为资源环境与可持续发展经济学。主持国家社科基金项目"气候容量对城镇化发展影响实证研究"、中国清洁发展机制基金赠款项目"内蒙古自治区能源消费总量控制目标及二氧化碳排放峰值研究"。专著包括《气候变化的国际背景与条约》《基于生态文明建设的低碳发展评价方法》《生态优先　绿色发展——长沙县生态文明建设探索研究》《内蒙古发展定位研究——京津冀及周边地区大气污染联防联控》等。在《中国人口·资源与环境》《城市发展研究》《城市问题》《资源科学》《生态经济》《地理研究》《国际经济评论》等期刊发表论文60余篇。

张月峰，内蒙古自治区绿色发展中心高级工程师，研究领域包括节能、降碳、循环经济、大宗废弃物综合治理等，国家节能专家库成员、内蒙古自治区政府投资项目评审专家库成员。参与有关内蒙古应对气候变化投融资政策研究、内蒙古应对气候变化统计核算制度研究、内蒙古应对气候变化能力建设研究等课题，参与起草内蒙古自治区《能耗"双控"预算管理实施方案》《内蒙古自治区节能减排"十三五"规划》等十余项政策研究。

高国，1984年7月毕业于内蒙古大学哲学系，本科学历，高级讲师。1984—2012年先后在内蒙古乌海市师范学校和内蒙古计划干部学校任教，2013年至今先后在内蒙古自治区节能与应对气候变化中心、内蒙古自治区绿色发展中心担任分管业务工作的副主任，先后参与了多项清洁发展机制（CDM）项目和内蒙古自治区节能等规划的编写研究及管理工作。

杜国义，内蒙古自治区党校研究生学历，中共党员，副高级职称，现任内蒙古自治区能源局综合保障中心主任。长期从事能源领域重点课题研究、能源政策宣传与推广、能源数据统计分析、节能与应对气候变化等工作，曾参与《内蒙古自治区参与"一带一路"国际能源合作规划研究》《内蒙古草原核心区风电项目退出机制和实施路径研究》等多项重点课题研究。